**Theodore
Dalrymple**

Copyright © Publicado originalmente em 2011 no Reino Unido pela Gibson Square Books. Tradução e publicação autorizadas. Todos os direitos reservados.
Copyright da edição brasileira © 2018 É Realizações
Título original: Litter. *How Other People's Rubbish Shapes Our Lives*

Editor | Edson Manoel de Oliveira Filho

Produção editorial e projeto gráfico | É Realizações Editora

Capa | Daniel Justi

Diagramação | Nine Design Gráfico / Mauricio Nisi Gonçalves

Preparação de texto | Fernanda Simões Lopes

Revisão | Mariana Cardoso

Reservados todos os direitos desta obra. Proibida toda e qualquer reprodução desta edição por qualquer meio ou forma, seja ela eletrônica ou mecânica, fotocópia, gravação ou qualquer outro meio de reprodução, sem permissão expressa do editor.

CIP-Brasil. Catalogação na Publicação
Sindicato Nacional dos Editores de Livros, RJ

D157L

    Dalrymple, Theodore, 1949-
        Lixo : como a sujeira dos outros molda a nossa vida / Theodore Dalrymple ; tradução e notas de André de Leones. - 1. ed. - São Paulo : É Realizações, 2018.
    104 p.; 23 cm. (Abertura cultural)

    Tradução de: Litter : how other people's rubbish shapes our lives
    ISBN 978-85-8033-349-7

    1. Lixo - Eliminação - Grã-Bretanha. 2. Educação ambiental - Grã-Bretanha.
I. Leones, André de. II. Título. III. Série.

18-52421   CDD: 363.7
                                              CDU: 628.4

Vanessa Mafra Xavier Salgado - Bibliotecária - CRB-7/6644
11/09/2018 12/09/2018

É Realizações Editora, Livraria e Distribuidora Ltda.
Rua França Pinto, 498 – São Paulo – SP – 04016-002 – Telefone (5511) 5572-5363
atendimento@erealizacoes.com.br – www.erealizacoes.com.br

Este livro foi impresso pela Mundial Gráfica e Editora em novembro de 2018. Os tipos usados são da família Sabon Light Std e Frutiger Light. O papel do miolo é o Lux Cream 90 g, e o da capa, cartão Ningbo C2 250 g.

Theodore Dalrymple

LIXO

COMO A SUJEIRA DOS OUTROS MOLDA A NOSSA VIDA

Tradução e Notas de André de Leones

É Realizações
Editora

Sumário

Introdução 7

1. A Filosofia do detrito 11
2. Refeição de família 19
3. O nível da classe 25
4. A Travessa do Gim 35
5. Bárbaros 47
6. É o meu direito 59
7. O outro mundo 67
8. O olho da câmera 77
9. Estudos sobre o lixo 93

Conclusão 99

Introdução

São mais de seiscentos quilômetros entre Londres e Glasgow, e o acostamento está repleto de lixo em praticamente cada metro do percurso. Sei disso porque eu e minha esposa fizemos essa viagem há pouco tempo.

Muitas das árvores ao longo da pista tinham sacolas plásticas penduradas ou pedaços esfarrapados de lençóis de polietileno que esvoaçavam ao vento como bandeiras de orações budistas em uma planície alta no Himalaia. Mas o mais impressionante era a grama na beira da rodovia. Quilômetro após quilômetro, estava sarapintada de detritos: algumas páginas de jornais, uma ou outra calota, mas a esmagadora maioria era de embalagens plásticas de refrescos e lanches comprados por motoristas e passageiros ao longo do caminho e atiradas pelas janelas depois de consumidos. Destacavam-se, no sentido de serem mais perceptíveis, as latinhas de refrigerantes de cores vivas e as garrafas azul-esverdeadas de água mineral, que às vezes reluziam ou brilhavam com a luz do sol.

Não era só ao longo da autoestrada que o lixo florescia, por assim dizer. Fizemos um pequeno desvio para a Região dos Lagos, paisagem que tanto inspirou os poetas românticos ingleses. E, de fato, a paisagem é tão assombrosamente bonita, de tirar o fôlego, que até mesmo eu, tão profundamente avesso ao romantismo e à autodramatização a que ele conduz, comecei a sentir alguma simpatia por ela. No entanto, mesmo ali, as margens da estrada estavam repletas de lixo, precisamente daquele mesmo tipo; menos, é verdade, que na autoestrada, pois as vias são, é claro, menos frequentadas, mas ainda o bastante para me distrair da paisagem à minha frente.

Dirigimos para além de Glasgow, até Loch Lomond: era a mesma coisa lá. A sujeira só cessou quando chegamos à Ilha de Mull.

Às vezes, minha esposa suspeita que eu exagero, mas ela confirmou que minha impressão não era apenas dispéptica ou fruto de uma visão de mundo pessimista que me predispõe a ver apenas o que há de errado com o mundo, e nunca o que está certo. Ela confirmou que a quantidade de lixo era, para empregar, ao menos uma vez, justificadamente uma palavra que já quase perdeu o significado por seu uso excessivo, incrível.

Dirigi por longas distâncias por países como França, Espanha, Itália, Alemanha, Holanda, Bélgica e outros da Europa, mas não vi neles nada que se comparasse ao meu país. Vi pilhas enegrecidas de lixo nas ruas de Porto Príncipe e pequenos atóis de corais no Pacífico Central submersos por pilhas de latinhas de Coca-Cola jogadas fora pelos ilhéus obesos que se tornaram miseravelmente dependentes de ajuda estrangeira para subsistir. Mas as condições na Grã-Bretanha são diferentes daquelas do Haiti ou dos atóis do Pacífico; nunca pensei que minha terra natal fosse se tornar uma enorme lata de lixo, e que meus conterrâneos fossem tratá-la como tal.

Roma não foi feita em um dia, e a Grã-Bretanha não foi poluída em uma tarde. Tendências sociais ou antissociais não têm inícios claros como o *Big Bang*, que – dizem – criou o nosso universo. Tenho observado a maré crescente de lixo na Grã-Bretanha há vários anos e concluí que se trata de um tema digno de reflexão. Uma vez que ninguém mais parece interessado nisso, por certo não as administrações municipais, eu me senti como Autólico, o trapaceiro, um larápio de berloques sem valor.[1]

---

[1] Dalrymple cita uma fala do personagem Autólico na peça *Conto de Inverno*, de William Shakespeare (ato 4, cena 3): "Meu negócio é com lençóis; mas quando o corvo voar, melhor cuidar das peças menores. Meu pai me chamou de Autólico; que, sendo como fui, parido sob Mercúrio, também foi larápio de berloques sem valor. Com dados e mulheres comprei essa fatiota, e minha renda vem de enganar tolos. A forca e a chibata têm força demais na estrada: e tenho

Meu interesse pelo assunto foi despertado ao caminhar todos os dias, por muitos anos, do hospital no qual trabalhava pela manhã até a penitenciária na qual trabalhava à tarde – uma distância de algumas centenas de metros. Como as prisões raramente são localizadas nas áreas mais seletas das cidades, não é surpresa que as ruas pelas quais eu andava fossem pobres (ainda que não tão pobres em comparação a outras partes do mundo).

No clima ensolarado e ameno, mas não no frio ou sob a chuva, o meio-fio cintilava lindamente com os reflexos dos pequenos cacos de vidro, de uma cor entre o azul-marinho e o peridoto, das janelas de carros estilhaçadas ao longo do caminho. Às vezes, havia algo como oito coleções de cacos junto ao meio-fio: mais de um carro arrombado a cada cem metros.

O que decorria dessas observações? Em primeira instância, a natureza sazonal dos arrombamentos sugeria que eles não eram impelidos pela miséria absoluta ou indigência, posto que o inverno é a estação, ao menos no clima inglês, de maior necessidade.

Em segunda instância, o grande número de arrombamentos, incomparável ao de áreas mais prósperas, sugere que os pobres são vítimas mais frequentes de crimes do que os ricos.

Em terceira instância, parece-me improvável que todos aqueles arrombamentos fossem obra ou fruto da atividade de muitas mãos. Era bem mais provável que o responsável consistisse em um trabalhador de linha de produção, em vez de um hábil artesão que entregasse produtos individualizados. Em outras palavras, ali estava a prova (se alguma se fizesse necessária) de que, mesmo nas áreas mais pobres, a classe das vítimas era muito mais numerosa do que a dos perpetradores de crimes.

A questão que me vinha à cabeça com frequência se referia ao fato de por que essas considerações, óbvias como eram, nunca pareciam se imiscuir muito profundamente na consciência ou sentimento das classes de pensadores que, quando tudo está dito e feito, dão o tom de nossa sociedade.

―――― horror a surra e enforcamento; e quanto ao futuro, não é coisa em que se pense. Um prêmio! Um prêmio!". In: *Teatro Completo – Volume 2*. Trad. Barbara Heliodora. São Paulo, Nova Aguilar, 2016. (N.T.)

Exceto por uma eventual boneca sem cabeça ou pelos carrinhos de bebê sem rodas abandonados na grama não aparada dos jardins defronte às casas, a maior parte do lixo, como ao longo da autoestrada, consistia em embalagens plásticas de bebidas e salgadinhos industrialmente processados. Se tivesse levado a cabo, no decorrer dos anos, uma rigorosa pesquisa estatística do lixo ao longo do caminho, sem dúvida, eu seria capaz de discernir a evolução do gosto local quanto a *junk food* ["comida lixo"]; assim, notei naqueles anos o aparecimento repentino de latas de uma bebida que era anunciada e vendida como energética e restauradora após qualquer tipo de excesso, particularmente o de álcool.

Esse súbito aparecimento me levou a ponderar sobre se é a oferta que promove a procura, ou o contrário. É verdade, claro, que as pessoas precisam saber da disponibilidade de um produto antes de poderem desejá-lo especificamente; mas há certos produtos desenvolvidos para suprir certos desejos ou necessidades preexistentes. Nesse caso, contudo, o aparecimento das latinhas descartadas da bebida coincidiu tão precisamente com uma intensa campanha publicitária, levada a cabo com todos os recursos retóricos para ludibriar, que era difícil não o ver como uma manifestação da manipulação comercial da população, e um exemplo dos influenciáveis sendo influenciados.

O esforço para distinguir um desejo ou apetite verdadeiro do falso, ou natural do não natural, está, provavelmente, destinado ao fracasso. Mesmo que se possa demonstrar que os desejos puros ou naturais tenham algum dia existido, eles só poderiam tê-lo sido incontaminados pelas mudanças culturais no início não da história, mas da pré-história. Eles não existem agora.

Qual era, então, a fonte da minha irritação com o súbito aparecimento e a rápida disseminação dessa nova bebida com sua latinha descartável azul-metálica, prata e vermelha? Eu estava prestes a chamar a bebida de inútil quando uma questão penetrou em minha mente como uma minhoca no chão.

Pode algo desejado e desfrutado por tantos não ter valor? Seria o gosto adquirido por isso diferente do meu gosto igualmente adquirido por champanhe? Seria eu um mero esnobe? De fato, há filosofia no lixo.

1. A Filosofia do detrito

Os arqueólogos realizam muitas deduções a partir dos detritos das civilizações antigas – então, por que não seríamos capazes de deduzir alguma coisa da sujeira dos dias de hoje? E, por certo, o que eu via a caminho da penitenciária não era um testemunho eloquente da maneira como as pessoas vivem? Se você é o que come, então a embalagem do que você come e a forma como você come são partes importantes do que e de quem você é.

O lixo mudava caleidoscopicamente, dia após dia; o velho era varrido de forma não muito escrupulosa pelos garis, levado pelo vento ou pego pelos ratos, e sempre substituído por mais. Nunca houve carência de lixo para eu examinar a caminho da penitenciária.

O que significava todo esse lixo? No mínimo, ele sugere que a rua de um inglês é sua sala de jantar, bem como sua lixeira. As refeições não são para os britânicos (ou, pelo menos, para muitos britânicos) uma ocasião social, mas a satisfação rápida e furtiva do apetite animal. Não só o local em que são feitas, mas também o conteúdo das refeições indica isso. Em grande parte, elas consistem em *fast-foods* (o cheiro da gordura rançosa em que os peixes são repetidamente fritos é um dos mais característicos da Grã-Bretanha moderna e urbana). A teoria da evolução nos diz que o ser humano é predisposto, por sua herança biológica, a gostar de alimentos gordurosos e açucarados, uma vez que eles satisfazem e saciam rapidamente, e as refeições na savana africana, onde o homem evoluiu, tinham de ser feitas com um olho nos predadores violentos e nos abutres. Se esse for o caso, parece que a moderna cidade britânica está recriando as condições da savana africana, repleta de predadores e abutres.

Mas por que as pessoas comem na rua e de maneira tão radicalmente antissocial? O que significa o alimento ser ingerido de forma tão solipsística? Mesmo quando as pessoas comem em grupos pela rua, não estão se entregando a uma atividade social, não mais do que soldados marchando em formação. Elas comem depressa, em geral sem conversar, e tratam de terminar o quanto antes.

Uma pesquisa recente descobriu que 36% das crianças britânicas nunca comem à mesa, com outros membros da família. Por certo, muitos dos jovens que eram meus pacientes na penitenciária jamais, em toda a vida, comeram à mesa com outras pessoas. E, no curso das minhas obrigações médicas, quando visitava casas na área em que trabalhava, eu era com frequência surpreendido pelo fato de que não só não havia mesa ao redor da qual as pessoas pudessem comer juntas, como também não havia indício de que alguém tivesse alguma vez cozinhado ali. De fato, não tinham o equipamento necessário para isso, exceto pelo que fora instalado pelos senhorios ou pelas pessoas que construíram a casa. A coisa mais próxima de cozinhar era o aquecimento de comidas prontas no micro-ondas.

Certa vez, almocei com um economista defensor do livre-mercado que afirmou que o hábito de comer alimentos prontos era, ao menos para os mais pobres, uma escolha economicamente racional. Eu disse que tinha muitas dúvidas quanto a isso, e suspeitei que ele tivesse comprometimento ideológico com a noção de *homo economicus*, o homem que responde às circunstâncias conforme um cálculo racional de custos e benefícios econômicos, e a nenhum outro estímulo. Em resposta, ele disse que estudos científicos tinham comprovado o que afirmava. Contudo, na área em que eu vivia na época, havia mercados cujos donos e fregueses eram asiáticos, nos quais era possível comprar dez quilos de cebolas por dois terços do preço de um hambúrguer do McDonald's, e outros produtos tinham preços similarmente baixos. Eram os asiáticos economicamente irracionais por comprarem lá?

Passei a desconfiar dos cálculos dos economistas desde que visitei a Romênia, de Ceauşescu, quando eles estimavam que o crescimento do país fora, por muitos anos, vertiginoso. No entanto ainda não havia batatas nos mercados, e, quando acontecia de elas aparecerem, coisa rara, uma fila, na qual as pessoas estavam preparadas a esperar por muitas horas, formava-se de imediato.

De qualquer forma, o economista com quem conversei presumia que a racionalidade econômica era a racionalidade pura. Uma vez que ficara estabelecido que comer alimentos prontos era a forma mais barata de encher o estômago, não havia mais nada a ser dito sobre o assunto. Mas é verdade que, se as pessoas escolhem os meios mais baratos para atingir seus objetivos, suas escolhas são, portanto, indiscutíveis? É mesmo verdade que 40 milhões de porcalhões e preguiçosos não podem estar errados? Por extensão, só porque suas escolhas parecem economicamente racionais, elas estão fora da esfera do debate?

Mas, nesse caso, o que eu quero dizer com "errado"? O que é uma escolha errada em se tratando de comida? O que nós comemos não é uma mera questão de preferência pessoal e, por essa razão, está além do bem e do mal? Não é mais uma questão de aceitar que, no que concerne à escolha da comida, bem como em outras questões de gosto, o que quer que seja, está certo? Uma escolha, como Gertrude Stein[1] poderia colocar, é uma escolha. O livre-mercado é tanto moral quanto esteticamente neutro.

---

[1] Dalrymple parafraseia um verso do poema "Sacred Emily" (1913), de Gertrude Stein (1874-1946): *"Rose is a rose is a rose is a rose"*. No caso, o primeiro "Rose" é um nome próprio. Stein foi uma escritora modernista norte-americana. Ela se mudou para Paris em 1903 e viveu na França pelo resto da vida. Sua casa era frequentada por outros norte-americanos expatriados, como Ernest Hemingway, F. Scott Fitzgerald e Ezra Pound, e por artistas de outros países, como Pablo Picasso e Henri Matisse. Entre seus livros mais conhecidos, estão *A Autobiografia de Alice B. Toklas* e *The Making of the Americans*. (N. T.)

Aquele que procura na liberdade outra coisa que não a própria liberdade, disse Tocqueville, está destinado à servidão.² E Macaulay³ disse que, se você esperasse até que as pessoas estivessem prontas para exercitar sua liberdade, ninguém jamais seria livre. Aqueles que usam as tolices das escolhas dos outros como motivo para limitar a liberdade destes estarão para sempre ampliando os próprios poderes.

Agora, é um lugar-comum dizer que há dois conceitos de liberdade – um positivo e outro negativo. O negativo é apenas a ausência de coerção externa; o positivo é o preenchimento das condições – físicas, fisiológicas, psicológicas, sociais, econômicas – necessárias para uma pessoa agir de certa maneira. Em outras palavras, você não é livre para tomar um sorvete a menos que, de fato, tome um sorvete. Se você não conseguir tomar, é porque não era livre para fazê-lo em primeiro lugar.

Do ponto de vista da liberdade negativa, não há razões para se queixar da maneira como as pessoas escolhem comer o que comem.

Do ponto de vista da liberdade positiva, contudo, é bem o contrário. Mesmo que não seja exatamente verdade que não há nenhuma outra comida disponível para os (relativamente) pobres na Grã-Bretanha além da que eles comem. Mesmo que o dinheiro deles facilmente se estendesse a outras coisas, mesmo que não fosse verdade que, quando você soma o custo dos ingredientes, dos equipamentos de cozinha, do gás ou da eletricidade necessária para cozinhar aos custos das oportunidades perdidas para fazer outras tarefas mais economicamente viáveis (ou seja, seu comportamento é economicamente irracional), é óbvio que suas escolhas não

---

² Alexis de Tocqueville (1805-1859) foi um filósofo político e historiador francês, autor de obras clássicas como *A Democracia na América* (1835). A citação feita por Dalrymple é de *O Antigo Regime e a Revolução* (1856): "O que, em todos os tempos, tão fortemente agarrou os corações de certos homens à liberdade é sua própria atração, seu encanto, independentemente de suas dádivas; é o prazer de poder falar, agir, respirar sem constrangimento sob o único Deus e de suas leis. Quem procura na liberdade outra coisa que ela própria foi feito para a servidão [...]" (Trad. Yvonne Jean. Brasília, Editora da Universidade de Brasília, 1982). (N.T.)

³ Thomas Babington Macaulay (1800-1859) foi um historiador e político britânico. (N.T.)

se restringem pela renda, mas por sua ignorância em relação às alternativas e por sua falta de educação.

O problema filosófico reside no fato de que todas as escolhas se restringem dessa forma. O homem mais rico ou mais bem informado não sabe de tudo, necessariamente. Na verdade, a extensão de sua ignorância é, a exemplo da ignorância do homem pobre e sem instrução, infinita. A soma do nosso conhecimento jamais se igualará à soma da nossa ignorância, seja como indivíduos, seja como espécie. Ademais, é apenas em retrospecto que nossas escolhas parecem determinadas; ninguém pode de fato viver como se suas escolhas futuras estivessem predeterminadas.

Entusiastas da vida saudável argumentam que junk food é ruim por causa de suas consequências para a saúde. Esse tipo de alimento é rico em ingredientes que, pelo menos até agora, dizem fazer mal para o corpo. E, por certo, a leitura da lista de ingredientes da junk food é alarmante até mesmo para aqueles que não são particularmente preocupados com a saúde. É possível que todos esses químicos e aditivos sejam realmente bons para nós?

Mas uma pessoa tem a obrigação de viver e comer saudavelmente, de escolher apenas o que é melhor – isto é, que conduza à vida mais longa possível – para si? Ou de obrigar alguém a fazê-lo? Na ética médica contemporânea, o princípio largamente mantido, e que se sobrepõe a todos os demais, é o da autonomia pessoal do paciente, isto é, o direito de o paciente decidir por si se aceita ou não o tratamento oferecido. Salvo em circunstâncias extraordinárias, o médico não tem o direito de prevalecer sobre a vontade do paciente apenas porque, ao fazê-lo, seria melhor para o último. E, se um paciente com pneumonia tem o direito de recusar antibióticos, alguém tem o direito de negar junk food a outra pessoa porque ela é gorda e diabética?

A analogia não é exata, claro. O médico não pode forçar o que é bom para um paciente. Mas ele tem o dever de não oferecer nada que seja ruim. O dono do mercado não tem essa obrigação, entre outras razões, porque qualquer coisa consumida sem moderação é ruim. E, de qualquer modo, um mundo no qual os donos de mercados tivessem tal obrigação seria intolerável.

A analogia também é inexata porque os pais alimentam suas crianças em uma idade em que estas são totalmente dependentes. Portanto os pais formam os gostos e hábitos de seus filhos. Eles estão, por conseguinte, obrigados a formar gostos e hábitos saudáveis? Se estiverem, você teria de supor que os hábitos nunca mudam. Mas eles mudam, tanto individualmente quanto *en masse* ["em grupo"]. Curry, por exemplo, substituiu o peixe com fritas como o prato predileto dos britânicos: restaurantes indianos são agora encontrados em muitas localidades remotas onde é impossível achar lugares que vendam peixe com fritas. De qualquer forma, a interferência oficial na maneira como os pais alimentam suas crianças seria um mal pior do que o mal de que supostamente estaria prevenindo-se.

Pode-se argumentar, no entanto, que uma pessoa tem a obrigação de se manter o mais saudável possível, pois os custos de não se manter assim recaem, no todo ou em parte, sobre os outros. (Vamos aceitar, por um momento, que a associação entre *junk food* e doenças cardíacas esteja além de qualquer dúvida razoável.) Afinal, ninguém pode, ao mesmo tempo, viver de *junk food* e ser um eremita no deserto da Síria. Quando um homem vai parar no hospital como resultado de suas escolhas, é quase certo que a maior parte dos custos será paga por pessoas completamente estranhas a ele: logo, ele deliberadamente impôs esses custos sobre os outros.

Mas um mundo no qual um argumento desses seja usado para interferir em algo tão íntimo e pessoal quanto a dieta seria um mundo infinitamente ditatorial. Há aqueles entusiastas da saúde pública que nunca se cansam de apontar que a saúde da população melhorou muito durante o racionamento imposto pela Segunda Guerra Mundial: que aqueles que não comiam o bastante ou ingredientes vitais suficientes passaram a comer bem; ao passo que os que comiam demais tiveram seus excessos reduzidos. Mas basta imaginar uma dieta nacional imposta e policiada por um Ministério da Nutrição para sentir um calafrio. Nenhuma doença, ou pelo menos nenhuma doença causada por má alimentação, poderia ser pior do que isso.

De qualquer forma, a dieta está longe de ser o único hábito ou comportamento com efeitos deletérios à saúde. Atividades esportivas resultam em um número enorme de acidentes e lesões evitáveis cujos custos também são impostos aos outros (como deve ser em qualquer sistema de saúde em que há pagamento de terceiros). Por que, então, devemos destacar uma dieta particular para o xingamento moral?

De novo, pode-se argumentar que, não obstante as lesões, os efeitos em geral das atividades esportivas são benéficos por causa dos exercícios que elas exigem. Mas não está, de forma alguma, claro que os benefícios à saúde dos exercícios estejam dissociados dos riscos de lesões, se não por completo, ao menos em grande parte. Se retrucarem que os esportes têm benefícios não ligados à saúde, como o prazer que dá àqueles que os praticam, isto é algo que os consumidores de junk food também podem alegar.

Além disso, por morrerem cedo, consumidores de junk food estão, na verdade, realizando um serviço valioso aos seus concidadãos. Estão ajudando a incrementar a relação entre os cidadãos economicamente ativos e os inativos, considerando-se o rápido envelhecimento médio da população. Isso, por certo, foi argumentado em relação aos fumantes, com uma ligeira diferença: durante sua carreira de fumantes, eles contribuem muitíssimo economicamente. Ainda assim, há semelhanças consideráveis entre fumantes e consumidores de junk food.

Se as consequências para a saúde de uma dieta baseada em alimentos prontos e porcarias não nos permitem condená-la, o que nos permitiria?

Alta gastronomia dificilmente seria um motivo suficiente. Não somente porque os cânones do gosto variam bastante, mas também porque, mesmo que pudessem ser estabelecidos em uma base indubitável, aqueles que se indispusessem contra estariam se indispondo esteticamente, e não moralmente. A conexão entre juízos estético e moral não é simples. A verdade não é o belo, e o belo não é o bom. Claro que se, a exemplo de Nero, você derramasse sangue humano na grama apenas porque aprecia a justaposição de vermelho e verde, a moralidade entraria em questão. Contudo, por mais que alguém sinta repulsa por uma pessoa que vista uma camiseta verde-grama com calças vermelho-sangue, ninguém poderia deduzir um fracasso moral a partir daí.

Parece-me que o erro de uma dieta baseada em junk food repousa em algo que não é absolutamente intrínseco a ela. Não é tanto o que está na dieta que é errado, por pior e pouco saudável que seja em muitos aspectos, mas como e por que a dieta é adotada. Pois a dieta é a metonímia de um estilo de vida, o qual não é apenas pouco atraente, mas também causa muito mal na forma de um sofrimento evitável.

O lixo nas ruas no trajeto entre o hospital e a penitenciária indicava um modo profundamente antissocial de comer e, por conseguinte, de viver. Isso é algo da maior relevância possível.

2. Refeição de família

Como vivem as pessoas que descartam esse lixo, que o largam em qualquer lugar, ou seja, mal acabam de consumir algo e logo querem se livrar de sua embalagem? Às vezes elas sequer terminam de consumir o alimento que traziam, e já o deixam pela metade na calçada. Existem poucas visões menos apetitosas.

Qual é a educação da família que socializou, ou antissocializou, esses porcalhões contumazes a se comportar dessa maneira?

Na maior parte dos casos, ao menos na Grã-Bretanha, eles crescem em lares cujos moradores mudam bastante e nos quais a mãe é a única figura constante e presente. Os pais ou, mais acuradamente, os inseminadores são ausentes quase por completo, fazendo menos por suas crias do que faz o touro pelas dele depois que se serve das vacas, para a satisfação do fazendeiro. De vez em quando, um desses pais pode aparecer com um par de calçados para uma de suas crianças, ciente de que faz bem mais do que se espera dele e, na verdade, procurando ganhar acesso sexual futuro à sua mãe-bebê (como ele a chama nos momentos mais gentis e menos vituperiosos). Tais visitas com frequência terminam em discussões ou violência, porque a mãe agora tem um novo pai-bebê, o qual, não surpreendentemente, não quer que os pais-bebês pregressos o lembrem do que ele considera a infidelidade dela antes de conhecê-lo. Hoje, é quase uma indelicadeza perguntar a uma criança ou jovem que cresceu em um ambiente desses quem é o seu pai. Mais de uma vez, obtive a resposta:

– Você quer dizer o meu pai no momento?

Em lares desse tipo – e agora há tantos que eles não podem mais ser considerados anormais, pelo menos do ponto de vista estatístico –, as refeições não são feitas em horários regulares e na companhia de outras pessoas ao redor de uma mesa.

Há várias razões para isso. O homem inglês adulto da casa, quando há um, não consentirá em se amarrar ou ser amarrado por qualquer rotina que, ele acredita, limitará sua liberdade. Ele impedirá qualquer oportunidade de algo assim acontecer. Rotina é para chatos e escravos, e torna a vida maçante. O homem da casa não terá lido muita literatura romântica, mas suas ideias terão se infiltrado nele por osmose social. Liberdade, para ele, não é nada além da habilidade de responder aos próprios caprichos quando e onde eles ocorrerem; qualquer coisa que iniba a expressão desses caprichos compreende uma tirania.

Há outra razão pela qual tantos homens nesse tipo de lar não se conformarão a horários regulares para as refeições. A maioria deles é extremamente ciumenta, e a irregularidade do retorno à casa serve a um duplo propósito – o primeiro, de vigilância (sempre mais efetiva quando aleatória e imprevisível) e, o segundo, de mantê-lo sempre à frente da mente da mulher, que é deixada imaginando quando ele aparecerá. Isso tem o mérito, do ponto de vista do sujeito ciumento, de excluir pensamentos sobre outros homens da cabeça dela.

Esse tipo de ciúme é inflamado, por razões óbvias, em situações nas quais o relacionamento entre os sexos é fluido, inconstante e sem restrições de qualquer senso de obrigação que possa ser invocado em vez de aleatoriamente usado. A prova da inconstância das afeições da mulher – na forma de crianças de "parceiros" anteriores – é inescapável para o homem. Não é preciso nenhum grande trabalho de raciocínio indutivo para concluir que o que aconteceu com os outros, os parceiros anteriores, poderá logo acontecer com ele. De fato, acontece com bastante frequência, de modo que o homem exige que as provas premonitórias da futura infidelidade para com ele, isto é, as crianças que ela teve com outros, sejam expulsas da casa; exigência que é cumprida mandando as crianças para a casa da avó, caso elas não tenham atingido a idade de se virar por si mesmas – que é a de 15 ou 16 anos. Esse tipo de homem exige uma refeição pronta tão logo retorne para casa, embora se recuse a dizer quando será. Essa não é uma exigência propícia à cozinha disciplinada.

Não é surpresa alguma que, nessas circunstâncias, homem e mulher raramente comam juntos, que o dirá com outros moradores da casa. A mulher, que come sozinha, dificilmente cozinhará para si mesma, embora saiba como (após uma ou duas gerações vivendo assim, há poucos motivos para que ela saiba).

E quanto às crianças? O que elas aprendem a comer?

Em geral, a mulher é muito jovem e não muito madura para a idade. O mais provável é que ela achou que uma criança resolveria os problemas de sua vida: tédio, falta de propósito e mesmo dificuldades com o namorado que viria a ser o pai da criança. E, a princípio, um bebê parece mesmo uma solução, ao menos para os dois primeiros problemas. A criança, trazida em meio a dor e sofrimento, no começo parece mais uma conquista do que um fenômeno natural. É, assim, um motivo de orgulho, especialmente enquanto ele ou ela atrai por um tempo a atenção dos outros. Infelizmente, porém, o bebê cresce e se torna mais difícil cuidar dele. As tarefas do amor ficam mais complicadas e exigentes, mais carregadas de ambiguidades e contradições. O problema do tédio retorna, só que dessa vez se trata de um tédio atarefado. Muitas vezes, e ilogicamente, outro bebê parece ser a resposta para recuperar os dias de glória do precedente. Mas, é claro, isso apenas torna as dificuldades mais complexas no fim das contas. Além disso, dois, três ou quatro ex-namorados, todos ciumentos e nenhum deles fiel, dão trabalho para a mulher, e, somada à atenção constante de que os filhos necessitam, sua vida se torna um tormento de ansiedade. Não é de se admirar, então, que, em vez de educar os hábitos alimentares da criança, a mãe se dobre às suas exigências a fim de ter um pouco de paz a curto prazo.

Quando a criança sente fome, portanto, a mãe quer saciá-la o mais rapidamente e com o mínimo de sofrimento possível. Ela, por certo, não quer birras e muito menos confrontos em torno da dieta (minha cunhada certa vez, quando criança, se recusou a comer seu espinafre e o manteve nas bolsas das bochechas por mais de doze horas). A maneira mais rápida e melhor de encontrar paz é dar à criança exatamente o que ela quer.

Lamentavelmente, o que a criança quer, o que a atrai mais, não é necessariamente o que é melhor para ela. Deixada à própria sorte, ela escolherá alimentos doces e gordurosos. O gosto pela variedade não é, na maior parte das vezes, nato, mas adquirido. Trata-se de uma das obrigações da paternidade moldar os gostos das crianças, e, se isso não acontecer, seus gostos continuarão infantis. E o mesmo se dá em outras áreas além da dieta. Sutilmente, discriminação e sofisticação não são inatos, tampouco se desenvolvem espontaneamente.

Em vez de treinar a criança, o que inevitavelmente envolve dificuldades, disputas e mesmo conflitos, a mãe ou o pai opta por uma vida mais fácil. Eis o motivo pelo qual você com frequência vê mães ou pais em supermercados perguntando a crianças de 3 anos o que querem comer na próxima refeição. Eles estão negociando as dificuldades que virão ao final do dia.

Assim, a autoridade é transferida do adulto para a criança, que passa a acreditar que seus caprichos são a lei. É claro, isso estoca futuros conflitos com a autoridade como tesouros no céu, quando, inevitavelmente, a criança vir seus caprichos contrariados ou ignorados. Na penitenciária, quando eu recusava o pedido ou, melhor dizendo, a exigência de um medicamento por um presidiário, medicamento que eu não achava que o detento precisasse, ele com frequência exclamava: "Não! Como assim, não?", como se ouvisse a palavra pela primeira vez na vida.

Uma vez que a criança se torna velha o bastante para se virar nos limites da residência, a mãe ou o pai abdica da responsabilidade por suas refeições, exceto para comprar comida para a casa e estocá-la no refrigerador. A criança aprende a forrar: pegar comida sempre que sentir vontade e na quantidade que quiser. Suas refeições são solitárias, animalescas e curtas – ainda que possam muito bem ser frequentes.

Esse padrão de alimentação é desastroso em suas consequências. Ele priva a criança de uma das lições mais poderosas, relativamente indolores e, em última instância, prazerosas acerca de como viver com os outros. Ela, ao mesmo tempo, aprende uma má lição e deixa de aprender uma boa.

O hábito de comer em conjunto com outros membros da família (ou da casa) ensina várias coisas importantes. Como a criança não faz suas refeições nos horários que ela própria decide, aprende que seu estado interno – o apetite do momento – não é a única coisa a se considerar na questão quanto a comer ou não. Às vezes, comerá quando não estiver com fome, e às vezes não comerá quando estiver. Acima de tudo, aprenderá que comer não é só uma atividade biológica, mas também social. Em outras palavras, aprenderá uma lição de autocontrole para o bem daqueles com quem vive: um componente essencial, incidentalmente, para o respeito próprio.

Uma criança que não aprende a comer em conjunto com os outros obtém exatamente as lições inversas. Seu apetite determina tudo. Se sente vontade, ela come, e, se não sente vontade, não come. Seja como for, ela não tem motivo para consultar os desejos ou as conveniências dos outros ao tomar essa decisão. Mais do que isso, ela pode até mesmo deixar de perceber que está tomando uma decisão, afinal, uma vez que a percepção de que está tomando uma decisão requer que se experimente um conflito em potencial entre um desejo ou impulso e outro. Não é surpresa que aquelas que não experimentam esse conflito em potencial logo se tornam presas de vícios variados ou ações autodestrutivas repetitivas, sem perceber que seu comportamento envolve uma escolha em todas e em cada uma dessas ocasiões. Essas crianças atribuem o que são e o que fazem a ninguém e nada além de si mesmas.

Nenhum princípio, então, está envolvido na decisão sobre quando, onde e como se alimentar. A criança se torna grosseiramente hedonista e egoísta, para quem todas as frustrações de seus apetites são exercícios injustificados de poder por parte de agentes externos. Quando não consegue o que quer, ela se torna mal-humorada, agressiva e até mesmo violenta, e culpa outra pessoa. Não, de fato. Como assim, não?

De novo, dificilmente é uma surpresa que aqueles que comem dessa forma – sedenta, como se estivessem em um pasto –, comem na rua. Eles procuram a satisfação crua do apetite porque é isso que conhecem. O círculo entre sua criação e o lixo que jogam na rua está completo.

3. O nível da classe

Não se deve pensar, contudo, que o padrão que descrevi se restringe aos estratos mais baixos da sociedade britânica; longe disso. Se fosse o caso, o lixo seria, em grande parte, limitado às áreas mais pobres, mas não o é, como já salientei.

Quando eu lecionava para um grupo de estudantes, o assunto do autocontrole surgiu. Os alunos eram atentos e inteligentes. Na discussão subsequente, mencionei que, quando era jovem, comer na rua ainda era tido como algo um tanto quanto degradante de se fazer. Os estudantes riram com esse exemplo de gentileza antiquada, fora de moda e ridícula. Não conseguiam encontrar razão para esse tabu estranho. Compreendi que eles, também, comiam na rua.

Isso se confirmou quando caminhei por uma área da cidade habitada sobretudo, se não exclusivamente, por estudantes. Não seria um exagero dizer que tive de lutar para caminhar pelas porcarias deixadas na calçada, todas as embalagens de *fast-foods* consumidas na rua, a caminho de casa. Uma das vantagens do sistema de classes britânico é que ele permite a você saber a que classe uma pessoa pertence pela maneira como ela fala; e era claro pela linguagem dos estudantes que ouvi enquanto caminhava que eles eram da classe média. Não havia proletários entre eles.

Seria um erro primário atribuir a culpa pela bagunça à comida, e não às pessoas que comem e descartam as embalagens, do mesmo modo como uma vaca que defecasse no pasto culpasse a grama. Pouco tempo depois, visitei uma cidade universitária nos Estados Unidos na qual os estudantes eram inclinados a comer o mesmo tipo de alimento indigesto que seus homólogos britânicos. Mas as ruas da cidade não estavam atulhadas de lixo. Pelo contrário, eram exemplarmente limpas. O lixo não se espalha sozinho, ele precisa ser espalhado por alguém.

O que, então, explica a diferença de comportamento entre os estudantes britânicos e norte-americanos a esse respeito? Poderia ser, é claro, que os estudantes norte-americanos fossem tão ruins quanto os britânicos, mas que a administração da cidade fosse muito mais criteriosa e eficiente para limpar a sujeira. Contudo não acho que essa seja a explicação. Em vez de ter um exército visível de garis, as ruas da cidade norte-americana eram mais limpas porque os estudantes norte-americanos eram mais limpos.

Tenho certeza de que a maioria dos estudantes britânicos expressa uma preocupação sensível em relação ao meio ambiente. Muitos deles discursam com fluência e, talvez, com paixão sobre o aquecimento global, as emissões de carbono, a insustentabilidade das práticas industriais e de agricultura do país, a destruição da biodiversidade, a finitude dos combustíveis fósseis, o desaparecimento das florestas tropicais, o derretimento das calotas polares e o consequente sofrimento dos ursos polares, a subida do nível do mar e a ameaça de extinção dos atóis de corais, o envenenamento químico da Terra e de sua atmosfera, e assim por diante. É provável que não poucos deles concordam com a noção neopagã de Gaia, de que toda a biosfera é uma espécie de organismo transcendente.

Paradoxalmente, a bagunça ao redor – em particular aquela que eles mesmos ajudaram a criar – não lhes causa preocupação. Eles culpam a ganância pelo estado do mundo, não a deles próprios ou das pessoas "comuns", mas das corporações e do capitalismo em geral. Eles argumentariam, digamos, que a culpa era do aumento das embalagens e sacolas plásticas, causado pela motivação (desconhecida por eles, é claro) nefasta do lucro. As corporações e seus donos, ou as pessoas que as gerenciam, não têm qualquer consideração pelas consequências a longo prazo para a humanidade e o planeta. Aquilo de que o mundo precisa, portanto, é que seja controlado por quem entende o funcionamento da biosfera – pessoas, na verdade, como elas.

O contraste entre a retórica e o real comportamento dos estudantes não poderia ser maior, e é sintomático de uma grande mudança no caráter nacional. Como os norte-americanos ainda são, os britânicos costumavam ser um povo pragmático, mais interessado no concreto do que em grandes abstrações, na prática em vez da teoria. Mas a disseminação da educação superior e o aumento da exposição pública, da proeminência e da importância daqueles com diploma como uma nova classe causaram uma grande mudança que os norte-americanos, talvez pelo tamanho, pela diversidade e pelo momento econômico de seu país, conseguiram evitar. Eles continuam um povo intensamente prático, cujo maior interesse em teorias diz respeito aos resultados que elas trazem. Na Grã-Bretanha, pelo contrário, a teorização se tornou a criada do ressentimento, da recriminação e da busca de explicações para a própria insatisfação pessoal, e, assim, a fonte de uma forma, não raro, bastante distorcida de gratificação.

A expansão da educação superior não se deu nas áreas majoritariamente técnicas, mas, sobretudo, naquelas que encorajam o pensamento abstrato sobre o comportamento e a conduta humana. A natureza desse pensamento era "crítica", mas não no sentido de que, digamos, A. C. Bradley era um crítico de Shakespeare, mas no sentido de examinar tudo da perspectiva de uma perfeição puramente teórica, a partir da qual, não surpreendentemente, tudo o que existe é tido como extremamente carente e, portanto, de muito pouco valor.

A interpretação da história pelos *Whigs*,[1] segundo a qual o passado ignorante não passa de um estágio rumo ao presente esclarecido, foi em grande parte substituída por uma historiografia miserabilista de iguais

---

[1] O *Whig Party* ou Partido *Whig* reunia as tendências liberais no Reino Unido, contrapondo-se aos conservadores do *Tory Party*. Fundado em 1678, o *Whig* foi dissolvido em 1859, mas suas ideias contribuíram para a formação do Partido Liberal e, mais tarde, do Partido Social Democrata, atualmente fundidos no Partido Liberal Democrata. (N.T.)

e opostos, de acordo com a qual o passado não é nada além da causa das nossas insatisfações presentes. Uma *intelligentsia* em expansão precisa, afinal, de um número de problemas sociais profundamente enraizados e em crescimento para justificar sua existência e proeminência. Ela, portanto, sente-se instigada a enfatizar não as conquistas, mas os crimes e a insensatez da história. Obviamente, o que foi produzido pela insensatez e pelos crimes não deve ser objeto de atenção, quanto mais de preservação. O mundo deve ser refeito do zero.

A questão a ser respondida nesse novo clima intelectual não é de onde veio a riqueza, mas a pobreza, como se a humanidade fosse originariamente feita de ricos que, de algum modo, dissiparam suas fortunas. A culpa por essa pobreza antinatural precisa ser colocada em alguém, e o alvo mais óbvio são os ricos e poderosos de todas as épocas e lugares. A riqueza ilícita de uns poucos sempre foi a pobreza injusta da maioria.

Desnecessário dizer que a crítica dos ricos e poderosos (com frequência justificada, é claro) não é incompatível com o desejo de se tornar rico e poderoso. Mas tal desejo é algo difícil de reconhecer e, por conseguinte, ele introduz na alma uma forte razão para se decepcionar consigo mesmo, para não dizer com os outros. A inveja é um vício que ameaça nos enredar a todos, e o reconhecimento franco de seus alertas é a única forma de controlá-la. Por contraste, a suposição de que alguém é motivado por uma benevolência pura e desinteressada, pelo desejo único de melhorar o mundo, serve para disfarçar outras motivações que, embora inevitáveis, não são lisonjeiras para o conceito que fazemos de nós mesmos.

Nos Estados Unidos, graças a uma religiosidade nem sempre atraente, a noção de pecado original ainda é popular. Mas, na Grã-Bretanha, onde a religião está morta, exceto nas margens da sociedade, a humanidade se converteu *en masse* à autoadoração. Se os homens fazem coisas ruins, é porque algo os perverteu de sua bondade original; e, uma vez que os homens, em sua maioria, são parciais em relação a si mesmos e se tornam facilmente cegos para as próprias falhas voluntárias, eles alocam o próprio mal a outro lugar que não em seus corações. As estruturas econômicas e sociais é que são más, não eles mesmos; para eles, uma sociedade tão perfeita que não teriam de fazer esforço para serem bons não é apenas possível, como também a única pela qual vale a pena ansiar.

Nesse tipo de pensamento acerca da condição humana, as abstrações se tornam mais reais do que a realidade concreta que cerca o indivíduo. Exploração, opressão e coisas do tipo são mais vívidas e presentes na mente dessa pessoa do que seu ambiente físico e social imediato.

Em face de abstrações desse tipo, pouco importa como o indivíduo se comporta. Isso se dá porque as abstrações são muito grandes e a conduta do indivíduo é muito pequena. Nada que eu faça, exceto agitar em conluio com outros por um mundo perfeito, faz qualquer diferença para o estado das coisas, dada a vastidão das forças que se voltam contra mim. Logo, posso fazer o que quiser até aquele momento em que a estrutura do mundo se torne perfeita. Antes desse estado de perfeição, o exercício da virtude não tem sentido; depois, será automático.

Nesse meio tempo, devo sustentar a opinião certa, e talvez até mesmo protestar de tempos em tempos. Fazer isso é o começo, e também o fim, da virtude nas nossas circunstâncias correntes. Para ser bom, o sujeito não precisa agir bem; ele deve pensar e expressar as opiniões certas, e da maneira mais veemente possível.

Assim, não há contradição entre ter uma preocupação profunda com o meio ambiente e atulhar o mundo com lixo.

Poucos dias depois de caminhar pelo lixo deixado pelos estudantes, aconteceu de eu passar alguns dias em Eastbourne, uma cidade do litoral Sul da Inglaterra muito ridicularizada por sua gentileza desbotada, para onde os pequeno-burgueses mais prósperos morrerão em paz e tranquilidade, assistidos por enfermeiras (cada vez mais) estrangeiras.

Escárnio à parte, o passeio à beira-mar, ao longo da costa, tem grande beleza, e eu caminhei por ali muitas vezes. Fui em uma época do ano em que não havia muita gente, mas havia, no entanto, um bom número de idosos, em casais ou sozinhos, que passeavam à luz do sol ou se sentavam nos bancos defronte à praia.

Na ocasião, o fenômeno do lixo e seu significado estavam, se não em primeiro lugar, ao menos perto do primeiro plano da minha mente. Por essa razão, algo forçosamente me impressionou, algo que, pensando bem, é bastante incomum na Grã-Bretanha dos nossos dias: ao longo de todo o passeio, onde os velhos caminhavam ou se sentavam, não havia lixo algum, não por 3 ou 4 quilômetros.

As pessoas que não jogavam lixo no passeio não lutavam para salvar o planeta e é muito improvável que soubessem da "hipótese" de Gaia. Ecologia possivelmente não significava nada para elas, tanto a palavra quanto o conceito. Pelo contrário, elas apenas se comportavam da maneira que consideravam normal. Se perguntadas por que não jogavam lixo na calçada – ainda que a própria questão lhes parecesse estranha –, com certeza se refeririam à conveniência e aos desejos dos outros. Mas, finalmente, não jogar lixo não era para elas uma escolha pensada, bem como jogar não o era para os estudantes.

Talvez alguém, desconfortável com a alarmante mudança dos hábitos das pessoas na Grã-Bretanha, diga que a mudança em questão seja apenas um efeito da idade. Não penso assim: quando olhava para os rostos daqueles em Eastbourne, eu não pensava: "Em sua juventude, vocês jogavam lixo na rua, e só agora pararam de fazer isso". Eles não jogavam lixo na rua porque nunca jogaram lixo na rua.

Outros países passaram pelas mesmas mudanças sociais, e mesmo assim se vê mais lixo em cem metros na Grã-Bretanha do que em 160 quilômetros no exterior. Algo mais do que a evolução social, então, deve explicar o lixo na Grã-Bretanha.

Toda explicação de fenômenos sociais complexos continua a ser especulativa porque a história nos deu poucos experimentos controlados (e mesmo experimentos controlados são, com frequência, suscetíveis a interpretações distintas). Mas, talvez, a primeira coisa a estabelecer é que realmente houve um aumento do lixo na Grã-Bretanha, que isso não é apenas uma falsa percepção minha ou uma manifestação do que os profissionalmente complacentes gostam de chamar de "pânico moral", que não sou apenas alguém lamentando a passagem do tempo. Parece mesmo haver, afinal, a tendência a ver o passado pelos óculos cor-de-rosa embutidos no cérebro.

Então, qual é a prova? Minha lembrança de ruas mais limpas é insuficiente por causa da falibilidade da memória humana. A memória, como a razão, é escrava das paixões, conforme experimentos científicos já demonstraram.

Pessoas melancólicas ou deprimidas, por exemplo, lembram-se do passado de acordo com o seu desalentado estado de espírito no presente. Quando digo, então, que a Grã-Bretanha está mais suja do que antes, por que alguém que ainda não está convencido disso acreditaria em mim? Claramente, tenho um ponto a sustentar, e não fingiria o contrário.

Não estou sozinho, contudo, em minha percepção. Muitos outros notaram a mesma coisa e, embora alucinação e delírio coletivos sejam possíveis, não acho que se trate de um exemplo dessas coisas. A memória pode ser falível, mas sua falibilidade, longe de ser invariável, às vezes falha; em outras palavras, às vezes ela é acurada. Em particular, o fenômeno tem sido notado por pessoas sem um ponto a defender, quais sejam, visitantes ocasionais, sem envolvimento emocional com a questão. Uma francesa, prima da minha mulher e que conhece muitos países, fez um comentário, em sua primeira visita à Grã-Bretanha, que ficou na minha cabeça. "Pensei", disse ela, "que a Inglaterra era um país do Norte e, portanto, seria mais limpo". Em vez disso, ela estava surpresa com a imundície.

Desde que meu interesse pelo assunto surgiu, olhei velhas fotografias de ruas ordinárias na Grã-Bretanha à procura de lixo. Afinal, hoje em dia você dificilmente pode apontar uma câmera para qualquer direção no país e não capturar vestígios de lixo. E a verdade é que, em fotografias de tempos passados, você raramente vê qualquer sinal de sujeira.

Claro, as fotografias de outrora demoravam bem mais para serem tiradas do que as de hoje, e qualquer um que quisesse se opor à minha conclusão poderia argumentar que elas eram encenadas, à diferença das imagens capturadas de modo instantâneo atualmente. E talvez os fotógrafos, em uma época menos preocupada em captar a aridez da vida real do que a atual, se recusassem a registrar cenas "estragadas" pelo lixo e até mesmo dessem um jeito de limpar o local antes de fotografá-lo.

Talvez; mas eu duvido muito. Em especial, porque vi cenas de rua nas quais havia muitas pessoas seguindo com suas obrigações cotidianas, e me parece improvável que essas imagens pudessem ter sido arranjadas de tal modo a excluir o lixo que acaso houvesse por ali.

Ah, talvez não houvesse lixo – dizem aqueles que não querem reconhecer o aumento como real, mas querem que ele seja um artefato da memória seletiva –, porém naqueles tempos as pessoas não tinham nada para jogar fora. Em outras palavras, eram pobres demais até mesmo para jogar fora um pedaço de papel, que o dirá as toneladas de porcarias de hoje em dia. E plástico e poliestireno ainda não tinham sido inventados.

Essa tática já foi usada antes por gente que afirma não ter havido um aumento dos crimes, sendo esse crescimento aparente, mas não real, uma ilusão criada pela maior eficiência com que cada crime é denunciado (por exemplo, porque as pessoas têm mais acesso a telefones); mas, então, quando a negação se torna insustentável e mesmo ridícula, eles afirmam que a razão pela qual os roubos e outras formas de desonestidade aumentaram é porque agora há muito mais o que roubar. Se a pobreza era a explicação favorita para o comportamento criminoso, agora é a abundância que se tornou a culpada. Em resumo, qualquer argumento que vier à cabeça é usado para evitar a dolorosa reflexão sobre a mudança nos próprios caráter e conduta das pessoas que um ou outro aspecto da modernidade forjou.

O argumento de que a ausência de lixo evidencia a pobreza foi, de fato, usado. Uma fotógrafa norte-americana chamada Jean-Marie Simon publicou, na década de 1980, um livro com fotografias da Guatemala.[2] O país estava, então, no auge de uma guerra civil que opunha um governo conservador, controlado em grande parte pelo exército, a um movimento de guerrilha revolucionário. A exemplo da maioria dos estrangeiros que na época se interessavam pelos assuntos da América Central, a fotógrafa simpatizava incondicionalmente com os guerrilheiros. (Com o fim das guerras civis no istmo e a derrota dos diversos movimentos guerrilheiros que levavam consigo os anseios utópicos dos intelectuais do Ocidente, o interesse pela região declinou até virtualmente zero.)

O livro de fotografias era uma obra de propaganda do tipo "quatro pernas bom, duas pernas mau".[3] E, na verdade, não era muito difícil fazer tal propaganda porque os partidários do governo de fato cometeram

---

[2] O livro de Simon foi lançado nos Estados Unidos pela W. W. Norton & Company em 1987, sendo intitulado *Guatemala: Eternal Spring – Eternal Tyranny*. (N. T.)

[3] Referência ao romance satírico *A Revolução dos Bichos* (1945), de George Orwell (1903-1950). Trata-se de dois dos sete mandamentos dos bichos: "qualquer

muitos atos de brutalidade. Mas, entre as fotografias, havia uma da praça central de uma cidadezinha guatemalteca chamada Rabinal. E o fato de não haver o menor vestígio de lixo foi usado pela autora, na legenda, como evidência da extrema pobreza dos habitantes da cidade (e, assim, por implicação, como justificativa para o movimento guerrilheiro, o qual, muito previsivelmente, trouxera tanta miséria e morte em sua esteira). Ela cita o antropólogo Pierre van den Berghe, que na década de 1960 escreveu:

> Um dos indicadores mais seguros da pobreza [...] é a quase total ausência de papel como lixo. É verdade, as ruas são mantidas muito limpas, ainda que não pavimentadas, e são regularmente varridas. Mas, mesmo após a feira, quando o chão fica coberto de folhas usadas como embrulhos, dificilmente se vê pedaços de papel. O papel simplesmente não é um refugo aqui.

Por que a falta de lixo, mais de 20 anos após o período em que o país era de fato consideravelmente rico, não é evidência da limpeza e da autodisciplina social dos moradores da cidade? Alguém dificilmente atribuiria o asseio da Suíça à pobreza, pelo menos à pobreza material, de seus habitantes; de fato, é bem o contrário. A autora não quis admitir essa possibilidade porque seria o equivalente a admitir que os habitantes tinham orgulho de sua cidade. Se tivessem tal orgulho, então nem tudo estaria tão ruim na Guatemala e, portanto, o conflito civil que os guerrilheiros tinham deliberadamente iniciado seria injustificado. Assim, a ausência de lixo tornaria os guerrilheiros não os heróis, mas os vilões do livro.

Várias pessoas com quem abordei o assunto do aumento do lixo na Grã-Bretanha sugeriram de imediato que isso era causado pelo fato de as pessoas terem mais coisas para jogar fora. Eram todas instruídas, e talvez uma explicação dessas só poderia mesmo ocorrer às pessoas instruídas: pois são necessários anos de instrução para se tornar capaz de, sem o menor esforço, ignorar o óbvio e chegar a uma teoria tão fajuta. As pessoas

---

coisa que ande sobre duas pernas é inimiga"; "qualquer coisa que ande sobre quatro patas, ou tenha asas, é amiga". (N. T.)

sempre tiveram o bastante para fazer sujeira, e elas não fazem sujeira conforme sua renda e seu padrão de vida.

Por que, então, tantas pessoas instruídas sentem necessidade de transferir a responsabilidade *in toto* por um fenômeno como o lixo daqueles que o causam para os objetos inanimados com o qual é feito, ou para uma falência diante de certas forças vastas e impessoais que estão quase além da compreensão humana?

Suspeito que seja por causa do desejo de preservar um sentimento democrático que, na realidade, é apenas tenuemente sustentado ou acreditado. Obviamente, o lixo não é o trabalho, se é que podemos chamar assim, de uns poucos, mas da maioria. Não seria possível um punhado de pessoas produzir os resultados que se tem obtido. Mesmo que tivessem devotado suas vidas inteiras à deliberada profanação da paisagem, uns poucos não teriam como fazê-lo sozinhos. Centenas de milhares de pessoas, no mínimo, e provavelmente milhões, devem ter participado da poluição. Por conseguinte, culpar os que jogam lixo na rua é culpar uma parcela substancial da população.

No mundo moderno, isso não é permitido. Sugerir que pessoas comuns podem se comportar mal por escolha própria é marcá-las como inimigas do povo. Logo, alguma força agindo sobre elas, sem o seu conhecimento, deve ser achada para desculpá-las. A desculpa elimina daquele que a pede qualquer suspeita de estar abrigando sentimentos não ou antidemocráticos.

Culpar a embalagem em vez da pessoa que a remove serve admiravelmente a esse propósito. Isso abre o caminho para uma reflexão segura e impessoal acerca das forças comerciais que fizeram grande parte da nossa comida ser embalada com o que subsequentemente se tornará lixo. Isso nos distrai do fato principal de que, em outros países, nos quais as mesmas forças comerciais levaram às mesmas ou similares formas de embalar os alimentos, ao menos na medida em que permitiria às pessoas sujarem o interior se estivessem tão inclinadas a isso, o nível de sujeira é incomparavelmente inferior. E, assim, não somos forçados a refletir sobre o comportamento dos nossos concidadãos. Podemos manter a ilusão de que são vítimas de outra coisa que não o mau-caratismo.

4. A Travessa do Gim

Contudo o mau-caratismo que leva ao mau comportamento, surgido de maus princípios, não se desenvolve espontaneamente. Deve haver alguma explicação além do pecado original, isto é, além de uma falha na constituição essencial do homem. Não estamos, afinal, considerando os homens como se estivessem em um estado da natureza, antes da invenção (ou desenvolvimento) da cultura e da civilização. As pessoas que jogam lixo por aí são filhas e netas de homens que não semearam cuidadosamente a terra com seus detritos sempre que sentiram vontade de fazer isso.

Parte do problema, suspeito, refere-se ao culto à espontaneidade e à autenticidade. Quando se acredita que a natureza do homem é inerentemente boa, o primeiro impulso será de acreditar que ela é irrepreensível. É apenas quando ele começa a refletir conscientemente sobre seus próprios impulsos, permitindo a sua modificação pelos processos corruptos da cultura e da civilização, que causa algum mal. E a Grã-Bretanha, provavelmente, é mais suscetível ao culto da espontaneidade que outros países porque, pelo menos desde a era vitoriana, sua cultura valoriza a autocontenção acima de qualquer outra qualidade. Demonstrar emoção em público, mesmo quando o estímulo para fazê-lo era grande, era um sinal de fraqueza e falta de virilidade. Todos admiravam e esperavam aceitação estoica ou irônica de qualquer infortúnio ou mesmo catástrofe. Espontaneidade – dar espaço à emoção do momento – era condenável como o comportamento de povos inferiores aos britânicos, de povos sem lei.

O culto da contenção não era incompatível com a sentimentalidade, e talvez até mesmo a exigisse como uma válvula de escape. Um homem com dificuldade para expressar afeição pelos próprios filhos poderia facilmente chorar por causa de um cachorro ou com uma passagem de Dickens. Mas o culto também encorajava uma atitude irônica para com o mundo, como modo de desligar a pessoa de seu próprio sofrimento. Minimizar as próprias angústias com base em sua pequeneza em comparação com o tamanho do mundo permitia às pessoas manterem a dignidade em face dos desastres pessoais.

A contenção emocional – um desvio para os britânicos, outrora conhecidos pela emotividade violenta e desgovernada – era comum a todas as classes. Claro que nem todos partilhavam dela. Nenhum traço cultural jamais é compartilhado por todos os que nascem e crescem em determinada cultura. Mesmo assim, era um traço reconhecível. Minha mãe, que chegou como refugiada da Alemanha em 1939, reconhecia e admirava essa característica; e também a minha esposa, que veio da França 30 anos depois. Era claramente presente e reconhecível enquanto eu crescia – eu também admirava e aspirava por ela –, mas declinou com rapidez.

Quando eu era bem jovem, as peças de Terence Rattigan, que fora o dramaturgo mais destacado e popular de sua época, e cuja obra encampava um entendimento da contenção emocional de sua audiência, subitamente saíram de moda, em 1 ou 2 anos; de repente, *Olhe para Trás com Raiva*, de John Osborne, fez os dilemas emocionais e intelectuais de Rattigan parecerem não apenas antiquados, mas positivamente antediluvianos. Em retrospecto, não é fácil discernir com exatidão ou sequer por aproximação com o que os personagens da peça de Osborne estão furiosos, mas é disso mesmo que se trata. Emoções fortes se tornaram autojustificadas, um bem em si mesmas. Elas não têm de estar ligadas a nada em particular, têm apenas de ser genuínas e autenticamente sentidas. Uma vez que ter sentimentos é um fato, e uma vez que sentimentos não são verdadeiros nem falsos, ao menos de um ponto de vista cognitivo e também de acordo com sua acepção romântica, eles são todos igualmente "válidos". A validade, não no sentido da forma lógica coerente de um argumento, mas no de uma opinião genuína e sinceramente mantida, mesmo que toda evidência disponível esteja contra ela, substituiu a verdade como a pedra de toque pela qual uma afirmação deve ser julgada. Isso, claro, é profundamente irracional tanto em seus pressupostos quanto em seus efeitos.

Lendo quatro volumes das peças de Harold Pinter – o homem que, em grande medida, assumiu o manto de Rattigan como o dramaturgo mais popular de seu tempo –, não encontrei em centenas de páginas uma única discussão de peso. O ser humano não vive apenas de discussões lógicas ou intelectuais. Mas, às vezes, ele se entrega a elas. É verdade que muito do diálogo humano não é um debate, formalmente falando, e a maioria das pessoas não gasta muito, que o dirá a maior parte, de seu tempo discutindo e refutando as ideias dos outros de uma forma mais ou menos coerente. Porém não há exigência de que os dramaturgos, mesmo os naturalistas, imitem a vida humana tal como ela é – na verdade, isso nem seria possível. Não esperamos que os personagens no palco passem um terço de seu tempo dormindo. Um mapa que reproduza exatamente as características do território que delineia seria uma réplica, não um mapa. É precisamente a seletividade, a faculdade meio instintiva, meio consciente, que confere significado à literatura. A vida humana não pode ser conduzida de forma inteiramente irracional, assim como não pode ser totalmente racional.

Uma cultura inteira não muda porque a obra de um dramaturgo, por mais eminente que seja, sucede outra; de fato, Osborne e Pinter talvez sejam mais um sintoma da mudança do que a sua causa. Mas que houve uma mudança, e das mais rápidas, é algo de que dificilmente podemos duvidar.

A fraqueza da velha cultura britânica, sua vulnerabilidade, consistia no fato de que seu charme era sutil, discreto e longe de ser óbvio. Às vezes, era tão sutil que se colocava sua própria existência em dúvida.

Esse charme, por certo, não era hedonista. Como observou George Mikes, humorista húngaro refugiado na Inglaterra, mesmo os ricos não vivem confortavelmente na Grã-Bretanha; em vez disso, vestem roupas acabadas e sentam-se defronte à corrente de ar. "Os europeus do continente", ele disse, "têm boa comida, os ingleses têm bons modos à mesa"; ou ainda, "os continentais têm sexo, os ingleses têm garrafas com água quente". (Quando eu estava crescendo, eles precisavam delas.) Em um clima daqueles, não era nada fácil desejar a recatada hipocrene.[1]

Um livrinho publicado na França em meados da década de 1950, na série *Que Sais-je?*, chamado *La Vie Anglaise* [A Vida dos Ingleses], sublinhava como quase tudo o que era dito por um inglês vinha impregnado de ironia e tinha um duplo sentido. "Devemos nos encontrar de novo logo" na verdade significa "espero nunca mais pôr os olhos em você outra vez". Anglófilos franceses, como André Maurois, notaram a mesma coisa muitos anos antes, e não viram duplicidade nisso, mas um autocontrole que facilitava as relações sociais.

Os encantos sutis da velha cultura são talvez mais bem e obliquamente percebidos nos romances policiais da chamada era de ouro (há eras de ouro na literatura, senão na vida). Nenhuma nação transformou de maneira tão bem-sucedida o assassinato em uma comédia de costumes, o que, em si, já é um feito irônico considerável. Nos romances, são capturadas todas as pequenas mesquinharias esnobes, as gradações sociais e a gentileza ligeiramente fajuta dos ingleses e escoceses, a vida tal como era. É difícil agora escrever romances desse tipo porque a cultura mudou de forma tão completa para algo muito mais rude, mas também mais sofisticado, com a sensação de ser deliberadamente desabusada a respeito de tudo.

A sutileza está sempre à mercê da rudeza, e à contenção, do hedonismo. Além disso, a Inglaterra se viu, após a guerra, em uma posição nada invejável: isto é, nada invejável para quem acha o exercício do poder indispensável ao bem viver. Pela primeira vez em dois séculos, a Grã-Bretanha foi reduzida de potência mundial a uma pequena ilha, uma potência de segunda categoria lutando até mesmo para se manter na segunda categoria.

Aqueles que, se tivessem nascido uma geração ou duas antes, cruzariam o mundo feito colossos e decidiriam a sorte de nações inteiras eram

---

[1] Em grego, "hipocrene" significa "fonte do cavalo". O termo se refere a uma fonte de água doce (também conhecida como fonte de Hélicon, pois se localiza na encosta Leste do monte de mesmo nome, em Téspias) tradicionalmente consagrada a Apolo e às musas. Segundo a mitologia grega, ela teria brotado graças a uma patada de Pégaso. (N. T.)

agora reduzidos pela política monetária a não carregar mais de 25 libras consigo quando viajassem. Assim, o contraste entre eles e seus predecessores imediatos não poderia ser mais óbvio ou doloroso. E eles sequer tinham o consolo da boa comida e de um clima agradável em que se apoiar.

Adveio uma geração que não tinha, ou pensava não ter (o que é mais importante), nenhum motivo para se ligar à cultura de seus pais, a qual havia provocado um declínio tão acentuado e humilhante.

É claro que essa geração não reconhecia o desapontamento como uma das razões para rejeitar a cultura que havia herdado. Como todos os reformadores, era um mundo melhor, mais feliz e livre que eles tentavam construir. E alguns membros dessa geração eram, de fato, satiristas e críticos sociais talentosos. Eles provocaram uma espécie de mudança cultural. O que antes era tido como desejável agora era encarado como ridículo; o que previamente era visto de cima para baixo (como vulgar ou degradante) agora era elevado como libertador e saudável.

Valores como contenção, eufemismo e modéstia e a preferência pelo implícito foram substituídos pelos seus opostos. Uma mudança dessas não acontece da noite para o dia, claro. Levam-se anos para a mudança se fazer sentir em todo o país, e, ainda hoje, há bolsões de resistência. Quando o Sr. Blair disse, na onda de emoção superficial que se seguiu à morte da Princesa Diana em um sórdido acidente de carro, "que encontramos uma nova forma de sermos britânicos", estava apenas dizendo algo que era obviamente verdade. Enquanto populista, é claro, ele valorizou positivamente essa verdade (para ele, o termo "novo" era um selo automático de aprovação). Afinal, é preciso certa profundidade para ser capaz de perceber a futilidade.

Somos todos como o Rei Lear[2] agora, incapazes de distinguir entre a emoção e a expressão ou, melhor dizendo, a exibição da emoção.

---

[2] Referência ao personagem-título de uma das mais célebres tragédias de William Shakespeare. A fala citada está no ato 1, cena 1. Transcrevo na íntegra: "Pois que ela caia, mesmo que invadindo / Meu próprio coração. Seja rude Kent / Com Lear louco. O que vai fazer, velho? / Julgas que temo o dever de falar / Se o poder cede às loas? Fica a honra / Comprometida com a sinceridade / Se o rei

A reprimenda do Conde de Kent para Lear, alertando-o contra entender a recusa de Cordélia em equiparar as eloquentes declarações de amor filial de suas irmãs como um sinal de indiferença, agora não significaria nada para nós:

> Nem é oco o coração que, baixinho,
> Não badala o vazio.

Contenção, então, estava fora, e autoexpressão estava dentro, com a espontaneidade; e o novo era bom porque o velho era ruim.

Um dos resultados da adesão à autoexpressão e à espontaneidade como boas em si mesmas, independentemente do que é de fato expressado por elas, compreende a massa de pessoas bêbadas vistas nas metrópoles, cidades e mesmo cidadezinhas da Inglaterra nas noites de sexta e sábado. Nelas, os jovens regularmente se entregam a tais cenas de depravação ébria que impõem um toque de recolher virtual para aqueles que não querem tomar parte da coisa.

Descobri por experiência própria que você nunca pode abordar o assunto quando acompanhado por pessoas instruídas na Inglaterra sem que alguém jorre um palavrório, em geral com um grau considerável de autossatisfação, sobre a *Travessa do Gim*, de Hogarth,[3] que retrata a devassidão alcoólica na Grã-Bretanha em meados do século XVIII, logo após a introdução do licor destilado barato – gim – no país. Em outras palavras, sempre foi assim, e, desse modo, tudo deve estar nos conformes e, portanto, não há nada com o que se preocupar.

É tedioso, embora lamentavelmente necessário, refutar um erro tão óbvio e (suspeito) proposital. Hogarth era um moralista horrorizado com a Travessa do Gim e que condenava o que via com o máximo de veemência na esperança de operar alguma mudança para melhor. Ademais, é um fato

---

é tolo! / Retenha o seu Estado, / E, após pensar no que é melhor, cerceie / Essa atroz imprudência. Aposto a vida / Que a caçula não é quem ama menos. / Nem é oco o coração que, baixinho, / Não badala no vazio". (*Teatro Completo – Volume 1*. Trad. Barbara Heliodora. Nova Aguilar, São Paulo, 2016.) (N.T.)

[3] William Hogarth (1697-1764) foi um pintor, gravurista e cartunista inglês. (N.T.)

histórico que as coisas mudaram para melhor, pelo menos se a moderação for preferível ao excesso, entre 1743, quando a gravura de Hogarth foi publicada pela primeira vez, e a segunda metade do século XX.

Portanto aqueles que veem nas cenas atuais de bebedeiras em massa nada além de uma continuação da Travessa do Gim baseiam-se, inadvertidamente, em uma teoria de atavismo ou retrocesso genético muito próxima do absurdo e, de maneira alguma, apoiada pela ciência genética. Mais uma vez, o desejo de evitar o pensamento perturbador de que pessoas comuns podem se comportar mal quando em massa levam ao menos alguns intelectuais a racionalizar, nesse caso, pela negação de que um problema exista porque sempre teria existido, e o que sempre existiu não seja um problema de verdade.

Há, é claro, outras explicações para as bebedeiras em massa nas grandes e pequenas cidades britânicas além da perda coletiva de autocontrole a que recorri. Não são, contudo, explicações alternativas, no sentido de estarem em completa contradição com a minha explicação favorita. Por exemplo, há o preço do álcool. Quando o preço diminui, o consumo aumenta (economistas clássicos esperariam isso em relação a qualquer produto). E, de fato, o preço do álcool caiu significativamente em relação às horas de trabalho necessárias para produzi-lo, apesar dos altos impostos. Os rendimentos discricionários aumentaram precisamente no momento em que a própria discrição diminuiu.

Além disso, a regulamentação dos licenciamentos foi progressivamente afrouxada. Costumava ser proibida uma aglomeração de bares em uma pequena área, mas agora isso não é apenas permitido, como também positivamente encorajado. Não só o número, mas o tamanho dos bares aumentou. Muitos deles acomodam centenas e até mesmo milhares de pessoas. O barulho gerado ali é tão grande (ao qual se soma a música agitada) que a noção de beber socialmente enquanto se conversa torna-se risível. Desse modo, todos bebem em maior quantidade e rapidez, quase como se competissem uns com os outros.

Mas, não obstante o preço baixo das bebidas e o tamanho e o estilo dos bares, a pergunta permanece: por que centenas de milhares e talvez milhões de jovens britânicos optaram por se comportar da maneira como se comportam? Por que eles não só vão a esses bares, mas consideram isso o ponto alto de suas existências, pelo qual mal podem esperar? Por que eles se reúnem em grandes rebanhos, nos quais se mostram incapazes de um discurso distinguível, a única coisa que nos torna humanos?

Eles fazem isso especificamente para ter uma desculpa, um pretexto, para perder o autocontrole. Perder o controle individualmente ainda seria arriscado, mas perdê-lo em meio a uma multidão de milhares de pessoas confere imunidade e mesmo absolvição moral. Um indivíduo em uma rua à noite pode ser preso por estar bêbado e causando desordem, mas não mil indivíduos. Há segurança na quantidade.

Mas por que alguém na Grã-Bretanha desejaria perder ou ao menos deixar de lado o autocontrole? Por que alguém desejaria perder ou deixar de lado suas inibições sociais e se comportar de forma tola, perigosa e pouco atraente?

Já vimos que a autocontenção deixou de ser uma virtude e se tornou um defeito. Uma pessoa que se contém é suspeita do crime de estar fora de moda, uma adversária do novo modo de ser britânico, uma inimiga do povo.

O oposto da autocontenção é a autoexpressão espontânea. Não surpreende, então, que as pessoas comam onde e como querem. Baseadas em quê, além de suas inclinações pessoais, elas decidiriam isso? Quem, além do indivíduo em questão, tem o direito de decidir a esse respeito? Uma sociedade na qual as pessoas não tivessem o direito de fazer essa escolha não seria intoleravelmente autoritária?

É algo curioso que a maioria dos que são a favor da autoexpressão espontânea – o encaixe perfeito entre inclinação e performance – seja a mesma que insiste muito no poder das leis formais para estabelecer os limites da conduta humana. Esses limites devem proibir o menos possível, é claro, mas, dentro deles, tudo é permitido. Se a lei me permite fazer x, então ninguém pode me reprovar por fazer x.

De outro modo, todas as outras regras sociais, sendo informais, são inexequíveis e, de fato, ilegítimas. Sendo expressões do poder social sobre os direitos individuais, tais expressões de poder são os meios pelos quais interesses setoriais defendem seu quinhão e controlam todos os outros. Leis informais não são tanto o lubrificante das relações sociais, mas os meios pelos quais um grupo domina os demais. Logo, claramente, as leis informais devem ser quebradas como modo de sinalizar a liberdade de todos.

Desnecessário dizer que não é muito fácil eliminar as leis informais das relações sociais. Mesmo que você possa varrê-las da consciência, ainda assim elas retornam inconscientemente. Na verdade, é quase impossível conceber o trato social sem essas leis informais.

Objetá-las como categoria é como objetar à respiração ou a outra função corporal. Não há dúvida de que, sob certos aspectos, a vida seria mais conveniente sem as funções corporais, e teríamos, assim, mais tempo para atividades úteis.

Mas ninguém – e com bastante acerto – pensa por um segundo que seja nesse fisiologismo utópico. Pelo contrário, boa parte da ingenuidade humana tem sido gasta, digamos, no escoamento de urina, de tal maneira que enormes números de pessoas não possam congregar juntas nas cidades sem que sejam subjugadas por um cheiro nauseante. Se, por acaso, entramos em um prédio público que cheira à urina, sabemos de imediato que houve ali um colapso social e as leis não se aplicam, e que é provável que estejamos mais seguros em outro lugar.

A questão, então, diz respeito a quais regras informais conduzem a uma vida mais civilizada, decente e livre.

Mas e quanto à regra contra comer na rua? Em que bases poderíamos justificá-la?

O fato de que a desobediência a essa regra (tão ampla que quase não podemos mais chamá-la de regra, afinal) leva as pessoas a sujarem as ruas é uma pura contingência. Uma coisa não resulta necessariamente na outra. É por certo, possivelmente, que as pessoas comam nas ruas sem sujá-las. De fato, é provável que muitos, ou pelo menos alguns, levem seu lixo consigo para casa ou usem as lixeiras. E o que é possível para alguns deveria sê-lo para todos. Assim, não há nenhuma conexão inescapável entre comer na rua e jogar lixo ali.

Talvez seja assim. Mas, da mesma forma, não há conexão essencial entre carregar uma faca e esfaquear alguém até a morte. É perfeitamente possível que alguém carregue uma faca por toda a vida adulta e nunca a utilize para infligir ferimentos nos outros. Os sikhs[4] são um exemplo notável dessa possibilidade. Dizem que, nas áreas mais pobres das nossas cidades, uma porção enorme e em crescimento da população jovem leva facas consigo para se proteger. Mas, mesmo hoje em dia, o número de ferimentos por faca é muito menor do que a quantidade de pessoas que estão regularmente em posição de infringi-los. De fato, seria possível argumentar que, nas condições sociais em que vivem os mais vulneráveis aos ataques com faca, a prevalência dos que carregam facas, na verdade, diminui o número de esfaqueamentos, uma vez que isso equilibra as chances de o possível agressor acabar seriamente ferido. "Não esfaqueies para que não sejas esfaqueado" é a nova injunção moral.

Ainda assim, não vemos muita objeção às leis contra o porte de armas em público, a menos que a pessoa tenha uma razão boa e específica para isso.

Não há uma conexão essencial, embora haja uma conexão significativa, entre beber e dirigir e os acidentes nas estradas, ou entre embriaguez e violência. A vasta maioria das pessoas que dirigem embriagadas não causará acidentes, embora sua falta de coordenação (cujo grau varia de pessoa para pessoa) torne isso muito mais provável de acontecer. Há quem argumente que é injusto e tirânico condenar pessoas por um crime antes que tenham de fato feito mal a qualquer um, como é o caso da maioria dos condenados por dirigir embriagados, ou apenas por se sentar embriagados ao volante de um carro, mas a maioria das pessoas aceitaria que a relação custo-benefício entre a perda da liberdade e a segurança nas estradas é digna de ser aceita. Se fosse deixado para cada um decidir se é ou não seguro dirigir depois de beber algumas, a frequência de motoristas dirigindo embriagados sem dúvida aumentaria, bem como a parcialidade dos juízes das pessoas acerca de si mesmas. O número de mortes causadas por motoristas bêbados cresceria, e seria improvável que a punição *post facto* desses motoristas afetasse muito a propensão para beber e dirigir.

---

[4] O sikhismo é uma religião monoteísta surgida em fins do século XV no Punjab, região hoje dividida entre o Paquistão e a Índia. Fundada pelo Guru Nanak (1469-1539), mistura elementos do hinduísmo e do sufismo. (N.T.)

Não devemos nos iludir sobre o fato de que a proibição de dirigir embriagado não representa uma diminuição da liberdade; ela representa. Mas liberdade não é a única coisa que valorizamos. Por mim, estou disposto a abdicar da liberdade de beber e dirigir em troca de uma redução das chances de eu mesmo acabar morto, ou daqueles com quem me importo acabarem mortos, por um motorista bêbado. Admito que outros podem pensar de maneira diferente e não posso provar que estejam errados por fazê-lo. A questão sobre onde traçar os limites da lei é sempre um julgamento, não uma prova euclidiana. E a opinião é, ou deveria ser, afetada pelas circunstâncias particulares em que é formada, tanto no tempo quanto no espaço. Se as estradas fossem bem menos movimentadas do que são hoje, se tantas pessoas não estivessem habituadas a beber em excesso, se as chances de um motorista embriagado matar alguém fossem bem menores do que são hoje, então a perda da sociabilidade e da vida coaxial que a lei contra beber e dirigir acarreta talvez não valesse a pena.

A questão da violência causada pela embriaguez também é instrutiva. Em geral, nós partimos do princípio de que a explicação para uma briga está na bebedeira. Ao mesmo tempo, contudo, estamos perfeitamente cientes de que a maioria das pessoas que bebem, mesmo em excesso, não se envolve em brigas. De fato, a propensão das pessoas a brigar depois de beber varia de cultura para cultura. É maior nas favelas de Glasgow do que nos clubes de Pall Mall (embora não sejam estranhas nem mesmo a eles). Padrões de bebedeira importam mais do que a quantidade de álcool ingerida. Logo, os problemas sociais – e, é claro, os benefícios sociais – causados pela bebida variam de situação para situação. Não há, assim, nenhuma resposta universalmente correta aos problemas causados pela bebida: todas as políticas são locais, e uma localidade pode sofrer mudanças.

Não é consolo, então, que não haja conexão essencial ou inescapável entre comer nas ruas e a presença de lixo. Em nossas circunstâncias atuais, há; e isso deveria ser o bastante para nós.

5. Bárbaros

Os britânicos agora jogam lixo como as vacas defecam nos pastos ou as lesmas deixam um rastro de gosma – ou seja, eles fazem isso naturalmente, sem reflexão consciente.

Ocasionalmente, entretanto, não é esse o caso. Eles tomam a decisão de jogar ou ao menos deixar o lixo.

No trajeto para a penitenciária onde eu trabalhava à tarde, havia um ponto de ônibus, e, próximo dele, uma enorme lixeira. Eu observava com certa fascinação a conduta dos jovens que chegavam ao ponto com seus lanches em mãos. Eles paravam perto da lixeira, como se pensassem por um instante. Então, após essa pausa, tiravam a embalagem do lanche e jogavam não dentro, mas no chão, bem perto da lixeira. Eles, então, continuavam a comer com um ar de tranquilidade e satisfação.

A que se devia esse comportamento estranho? Não era incomum, pelo menos do ponto de vista estatístico, pois o chão ao redor da lixeira estava tomado por uma grande quantidade de lixo, com frequência havendo mais fora do que dentro da lixeira, e com certeza mais em outros pontos da calçada. Seria o ato de jogar lixo não dentro, mas perto da lixeira, um ato subversivo, um comentário sobre a sociedade, de que as pessoas que se comportam assim acham que esta foi injusta com elas, que lhes negou o que elas acham que é seu por direito? Não seria difícil construir um caso contra a sociedade em favor dessas pessoas, embora fosse bem diferente daquele que elas constroem por si mesmas. Enquanto elas reclamassem da distribuição desigual de riqueza e bens (particularmente itens de luxo), seria, na verdade, mais pelo fato de que a sociedade as fechou nos ambientes em que nasceram ao falhar em lhes mostrar que poderiam almejar algo mais, se fizessem um esforço, e em encorajá-las a não fazer nada além da continuação de seu modo de vida habitual.

Assim, quando as pessoas acreditam, certas ou erradas, que são vítimas em larga escala da injustiça existencial, não percebem, de forma alguma, esses pequenos benefícios que recebem de uma sociedade injusta como benefícios. Elas os rejeitarão, mesmo que para o seu próprio prejuízo. Eis a razão pela qual, quando as autoridades públicas tentam fornecer comodidades nas piores áreas das cidades, elas são com frequência e muito rapidamente vandalizadas. Tais comodidades são vistas pelos moradores como uma propina barata ou os restos da mesa de algum ricaço, jogadas sem cuidado, com indiferença e negligentemente em sua direção para mantê-los quietos: mais um insulto do que um benefício. Uma lixeira entalhada e pintada com o brasão de armas da cidade, como aquela, era precisamente uma comodidade daquele tipo. Ao jogar lixo ao redor, mas não dentro dela, os jovens da vizinhança deixavam os administradores conscientes do que achavam dessa generosidade condescendente de fornecer um sistema para coletar e remover seu lixo.

Ou talvez houvesse outra explicação. Talvez, os porcalhões ao redor da lixeira fossem como bárbaros que chegaram recentemente a uma cidade que fora certa vez um bastião da civilização, mas conquistada por um povo menos sofisticado. Bárbaros conquistadores raramente desejam, afinal, destruir a civilização mais elevada (ocasionalmente fazem isso), mas assimilá-la enquanto se mantêm no poder. Mas porque são bárbaros e não compreendem por completo o que conquistaram, não reproduzem com exatidão o comportamento ou as maneiras da civilização anterior, e sim um simulacro, ou uma versão misturada com as suas próprias maneiras menos polidas.

Por conseguinte, os jovens se aproximam das lixeiras com seus lanches tendo o conhecimento ou um meio conhecimento de que elas têm alguma coisa a ver com o lixo. Como os godos em Roma, contudo, eles não têm certeza do quê. Assim, as lixeiras são como ímãs para com limalhas de ferro. Elas atraem o lixo, mas não o colocam dentro de si. Quando os novos bárbaros veem o lixo espalhado ao redor da lixeira, concluem que se trata de uma marca no chão e, assim, jogam o próprio lixo o mais próximo possível.

Às vezes, a pura preguiça é responsável por isso. Recentemente, vi um homem de negócios britânico, bem vestido e próspero, atirar algo na direção de uma lixeira no aeroporto de Lyon, enquanto esperava embarcar. O lixo atingiu a boca da lixeira e caiu no chão. O homem olhou para ele, pensou em pegá-lo e até mesmo fez uma pequena menção, como se estivesse em vias de fazer isso. Mas, então, decidiu que não e seguiu em frente, ainda que não estivesse com pressa, pois seu voo estava 1 hora atrasado.

Conduta civilizada não é tampouco uma questão de inteligência, e talvez nem mesmo de educação formal. Em uma área de Londres repleta de afamadas instituições de pós-graduação, observei um jovem com uma mochila cheia de livros nas costas, pela idade, quase certamente um pós-doutorando em algum tema obscuro que exigiria muito conhecimento apenas para ser abordado, parar diante de uma série de quatro lixeiras enormes e, então, jogar o lixo no chão. Não intervi para evitar a humilhação de uma discussão em público ou, pior, algum risco de confrontação física.

Mas tudo que é necessário para os porcalhões triunfarem é que os asseados não façam nada. Um amigo meu, vendo uma jovem jogar um maço de cigarros vazio na rua, e estimando que não estaria em perigo, voltou-se para ela.

— É aqui – disse ele – que você joga isso.
— Ah, está tudo certo, obrigada – disse ela alegremente. – Eu já tinha terminado.

Ver meus alunos caminhando, aparentemente despreocupados, pela bagunça que eles mesmos criaram era algo desagradavelmente chocante para mim. Claro que, sem de fato perguntar se eles se importavam, eu não poderia estar certo quanto ao seu contentamento, mas por certo não havia qualquer sinal – por exemplo, de que um deles tivesse limpado a bagunça ao redor de seu próprio armário – de descontentamento. Lá se vai a consciência social das classes emergentes.

Vamos supor, até mesmo por não haver prova em contrário, que os estudantes não se importam com a bagunça e ficam, na verdade, muito felizes com ela. O que haveria de errado com isso? Afinal, nada é bom ou ruim até que nós pensemos que seja uma ou outra coisa.

O lixo pode ser um risco à saúde, é claro. Meus alunos de Medicina sabem que ele favorece a disseminação dos ratos, por exemplo, ao tornar sua subsistência mais fácil. Ratos podem espalhar doenças, da leptospirose à febre causada pela mordida (a peste bubônica é transmitida pelos ratos pretos, não pelos marrons). Mas por que isso acontece, em qualquer situação dada, é uma questão empírica, não algo que pode ser estabelecido de antemão. E eu ficaria bastante surpreso se, de fato, doenças causadas por ratos, não muito comuns, aumentassem significativamente entre os estudantes que espalham lixo por aí.

Além disso, a criação de um risco para a saúde não justifica por si só a proibição de um comportamento. Acidentes de carro não aconteceriam se ninguém dirigisse carros. Somente quando os riscos à saúde causados por um comportamento são tão grandes, ou os custos de suprimi-los é tão pequeno, que uma ação poderá ser ou será tomada a respeito. Essa é uma questão de discernimento, não de verdade; e ainda há poucas evidências de que o lixo jogado em nossas ruas cause doenças.

Poderia se objetar que os riscos à saúde causados pelo lixo, de qualquer modo, não recairiam, ao menos não necessariamente, sobre terceiros inocentes. Mas isso é verdade no que diz respeito a outras atividades, como dirigir carros ou praticar montanhismo; não é, de modo algum, incomum ouvirmos sobre acidentes fatais se abatendo sobre grupos de resgate de montanhistas retidos, por exemplo, para não falar nos custos envolvidos.

Dirigir carros, pelo menos, tem, às vezes, algum propósito social, como ir ao trabalho. Jogar lixo é uma atividade que não traz benefícios à pessoa que a pratica ou à sociedade como um todo, exceto poupar o porcalhão da inconveniência de se desfazer de seu lixo de maneira mais asseada. De acordo com o que ele pensa, contudo, talvez esse inconveniente seja enorme. Ele pode até mesmo interromper sua vida social, o aspecto mais importante de toda a existência. Que direito tem a sociedade de exigir que ele renuncie aos seus prazeres? Isso não seria uma forma mais refinada de sadismo do que a mera inflição de dor?

Mas jogar lixo na rua é hediondo, arruína a aparência do lugar em que é atirado ou espalhado. E há poucos lugares tão feios que não possam se tornar ainda mais feios. Qualquer um que duvide disso deveria comparar a aparência de uma área pobre em um dia ensolarado e em outro nublado.

Infelizmente, aquilo que é hediondo – como qualquer juízo estético – está nos olhos de quem vê, e isso não oferece nenhum critério objetivo de permissividade. O fato de que estou perturbado com o lixo que está em toda parte na Grã-Bretanha faz parte da minha psicologia, e não se trata de um fato "objetivo" acerca do estado do país. (Claro que, se não houvesse lixo na Grã-Bretanha, eu estaria alucinando.) Como os estudantes demonstraram, é perfeitamente possível ver o que eu vejo e não se perturbar com isso. Mais interessante ainda, é possível ver e não notar isso. "Você vê, Watson", disse Holmes, "mas não observa".

É perfeitamente verdadeiro que a pessoa deixa de notar aquilo com que se acostuma ao crescer. O estímulo constante de um nervo logo tem seu efeito atenuado. Todos já experimentamos entrar em um espaço fechado em que há um cheiro desagradável apenas para perceber que deixamos de senti-lo pouco depois. Isso por certo nos oferece motivos para ter esperança ou algo do tipo. Uma vez que um lugar foi emporcalhado por tempo suficiente e se tornou poluído o bastante, nós simplesmente deixaremos de notá-lo, o que não nos causará nenhuma aflição e nenhum mal terá sido causado a longo prazo.

A feiura, não menos do que a beleza, está nos olhos de quem vê. Só é necessário, portanto, treinar o olhar do observador para que o horrível se torne belo; e vice-versa, é claro.

Afinal, o gosto muda. Indivíduos mais velhos são capazes de ver o que antes não lhes parecia evidente. Pessoas que, em algum momento, riram de Picasso agora pagam grandes somas de dinheiro pelos restos de sua produção, e não acho que o façam apenas pelo prestígio social, embora isso sem dúvida tenha a ver.

As opiniões estéticas das pessoas instruídas mudam mais rápido do que tudo. Deixe-me dar um pequeno exemplo. Na década de 1930, Evelyn Waugh, um homem educado que não era totalmente insensível à beleza visual, não conseguia ver mérito algum na estética da Igreja Ortodoxa Etíope. Na verdade, ele achava a construção risivelmente primitiva, e tenho poucas dúvidas de que ele pensava assim pelo que considerava a inferioridade e a incapacidade inatas dos africanos, por quem não demonstrava qualquer simpatia. Quando, 60 anos depois, vi em Paris uma exibição dos manuscritos iluminados e outras relíquias religiosas da Etiópia, fiquei profundamente tocado por sua beleza.

Não creio que minha reação, tão diferente daquela de Waugh, foi um mero reflexo da minha capacidade superior de apreciação, graças a algum mérito inato meu. De fato, eu na verdade não poderia refutar, com um argumento nocauteador, qualquer um que concorde com o juízo de Waugh. Penso que Waugh era um homem autenticamente horrível, mesquinho, perverso, sem simpatia imaginativa, arrogante e cruel, mas isso não torna as relíquias da Igreja Ortodoxa Etíope mais bonitas. Há uma diferença entre juízos morais e estéticos.

Qual é, então, a origem da diferença entre o julgamento de Waugh e o meu?

Em primeiro lugar, eu nasci quase meio século depois dele. As possíveis consequências morais de rejeitar grandes segmentos da humanidade com base apenas na diferença racial se tornaram bastante claras, de um modo que, talvez, não fossem à época da infância de Waugh. E, se alguém não pode considerar raças inteiras naturalmente inferiores, essa pessoa estará mais propensa a olhar com uma mente aberta para o que elas criam, sem supor que qualquer coisa que façam deve ser de qualidade desprezível, como se pertencesse à infância da humanidade. Assim, essa pessoa está aberta à possibilidade da beleza em lugares pouco familiares, e isso (parece-me) é um avanço moral, e de um tipo que não custou pouco.

Em segundo lugar, tive um amigo etíope na faculdade de medicina. Na verdade, ele era da Eritreia, mas, então, a Eritreia ainda era parte do Império Etíope, e ele não exibia nenhuma inclinação ao nacionalismo. Era um jovem notável, bem mais do que qualquer um de nós considerava, fechados em nosso próprio mundo (e, sendo jovens, conhecendo pouco do mundo exterior) como éramos. Ele tinha sido um pastor na Eritreia, mas passou a frequentar uma escola de missionários, onde mostrou enorme potencial. Por meio dos missionários, soube de bolsas de estudos na Inglaterra, criadas pelo excêntrico diretor de uma conhecida escola pública, o qual tinha um interesse excepcional pela Etiópia; elas eram concedidas todos os anos após um exame em Addis Abeba. Ele foi caminhando até lá, fez as provas e ganhou uma bolsa. Ele nos mostrou as fotografias em preto e branco de quando recebeu o prêmio das mãos do imperador e, embora tenhamos afetado a atitude descolada que os jovens confundem com sofisticação, ficamos secretamente impressionados, pois ele era a única pessoa entre nós que tinha apertado a mão de uma figura conhecida mundialmente.

Ele era digno, modesto e bem-humorado. Vivenciara mais, e conhecia mais coisas, do que qualquer um de nós, é claro. Fizera a transição de pastor em um país desértico para estudante de medicina em um lugar de clima frio com impressionantes graça e facilidade. Em um feriado, fomos para a Irlanda, alugando carruagens puxadas por cavalos, e, no caminho, ele nos ensinou como fazer escovas de dentes com ramos. Ele cantou canções pastoris da Eritreia enquanto sacolejávamos na estrada, e é dele que me lembro quando penso em força interior. Ele gargalhou sem rancor e com prazer genuíno quando um garoto na zona rural da Irlanda, então bem longe de ser multicultural, tocou sua pele para ver se a tinta preta saía.

Com frequência, uma única experiência ruim de um membro de um grupo humano é o bastante (isto é, psicologicamente suficiente) para predispor alguém contra todo o grupo; o contrário também é verdade, e, por causa da minha amizade, nunca consegui ler a rejeição casual de Waugh dos etíopes sem um profundo desgosto. E, por consequência, ela me predispôs a encontrar mérito na arte da Etiópia.

Por fim, os manuscritos e outras relíquias em exibição em Paris foram dispostos de tal modo a permitir que o visitante se concentrasse neles apenas como objetos, livres de circunstâncias estranhas ou que distraíssem. É improvável que Waugh tenha alguma vez tido a oportunidade (ou provavelmente a inclinação) para vê-los assim. É fácil ver beleza quando algo é assim apontado para você.

Ainda assim, o juízo de Waugh não me parece apenas equivocado, mas banal e carente de inteligência. Afinal, muitos dos objetos exibidos pertencem ao British Museum ou à Bibliothèque Nationale, e foram coletados muito antes da época em que Waugh viveu, implicando que pelo menos alguns indivíduos de uma época anterior eram mais perspicazes do que ele. O que eu mais temia, contudo, era que, se tivesse vivido na época de Waugh, talvez tivesse formado o mesmo juízo que ele.

Tudo isso serve para mostrar que juízos estéticos são frágeis e mutáveis, suscetíveis a influências que não são primariamente estéticas por natureza. Assim, quando demonstro meu desagrado com uma paisagem poluída, não tenho certeza de como responderia a alguém que me dissesse: "Ah, vamos lá, não é tão ruim, o lixo ocupa só uma pequena parte dela". Ou mesmo: "Bem, acho que o lixo acrescenta algo à paisagem". Não estou certo se acreditaria na sinceridade dos meus interlocutores, pois, na prática, parece haver mais consenso no juízo estético do que sugeri, mas, ainda assim, eu ficaria perdido quanto ao que dizer. Há inúmeros outros juízos estéticos que me parecem perfeitamente óbvios – a brutal atrocidade da esmagadora maioria da música popular anglo-americana, por exemplo –, mas estou em minoria em relação a quase todos.

No entanto suspeito que aqueles que não ficam indignados ou aflitos com o lixo que agora submerge às cidades e ao interior da Grã-Bretanha, em vez de não se importar, estão é falhando em percebê-lo. E isso se deve apenas em parte ao fato de que se acostumaram com ele ao ponto de achá-lo natural, tanto quanto a presença do oxigênio na Terra (na verdade, eles provavelmente se preocupam mais com a composição do ar do que com o que está sob seus pés).

Claro, perceber que a poluição das cidades centrais e do interior não é natural torna-se necessário para perceber que as coisas poderiam ser diferentes. E isso requer memória, no caso das pessoas velhas o bastante para terem vivido em uma época na qual as coisas eram diferentes, ou imaginação alimentada pelo conhecimento histórico. Comparações com outros países e, portanto, viagens ao exterior podem servir ao mesmo propósito, ao menos em teoria.

A memória das pessoas que viveram em uma época na qual havia menos lixo é facilmente descartada como saudosismo, à propensão dos mais velhos de investir o passado de um resplendor de perfeição. Uma versão mais sofisticada dessa rejeição é a de associar indissoluvelmente os aspectos superiores do passado com seus defeitos, como contrapor a limpeza das ruas à comida horrorosa de então, como se houvesse uma escolha entre boa comida e ruas sujas de um lado, e comida ruim e ruas limpas de outro. Bebês existem para serem jogados fora com a água do banho.

Quanto aos jovens demais para terem conhecido qualquer coisa que não o descuido público, eles foram cuidadosa e deliberadamente impedidos de desenvolver qualquer noção do passado; eles sequer sabem o que é ter tal noção, ou que ela é necessária. Que uso ela poderia ter? Aumentaria suas chances de conseguir um emprego, aumentaria sua renda? É como se as palavras que encerram a primeira parte da *Investigação* de Hume,[1] em que ele ironicamente rejeita todos os trabalhos escritos que não tratam de matemática ou experimentos científicos, tivessem sido escritas sobre o estudo da história:

> Se tomarmos qualquer volume; de história, por exemplo; deixe-nos perguntar: ele contém qualquer coisa que me ajudará a conseguir um emprego? Não. Ele contém qualquer coisa que aumentará meu poder aquisitivo? Não. Atire-o, então, às chamas, pois ele nada contém além de sofismas e ilusão.

A destruição de qualquer noção e da importância do passado serve aos fins dessas pessoas que creem que a humanidade, insatisfatória como é, requer ser remodelada por elas, para que tenha uma melhor forma no futuro. Isso para o seu próprio bem, é claro, ao menos a longo prazo, mas, no meio tempo, os moldadores devem ter poderes se não completos, ao menos vastos – o que, como acontece, usualmente implica uma

---
[1] Referência à célebre *Investigação Sobre o Entendimento Humano* (1748), do filósofo escocês David Hume (1711-1776). (N.T.)

parcela generosa das boas coisas desse planeta, pois é claro que não seria correto que pessoas empenhadas em um trabalho tão perigoso e importante devessem se preocupar com coisas tão triviais como seu padrão de vida. Elas não devem ser distraídas pelo desconforto.

A humanidade, então, deve ser tida como a tábula rasa na qual Mao Tsé-Tung disse que os mais belos caracteres poderiam ser escritos. Na medida em que o conhecimento do passado seja permitido, será tido como um prelúdio terrível ao presente. Não será, portanto, coincidência que o ensino do tráfico transatlântico de escravos e do holocausto deverá ter um papel preponderante no ensino de História nas escolas (ainda que não seja necessário saber se o tráfico de escravos venha ou não antes do Holocausto), para que a benevolência dos governantes do presente seja compreendida. Nenhuma outra concepção da história se fará necessária; na verdade, será ativamente desencorajada.

Deve-se admitir que, acaso houvesse uma conspiração centralizada para destituir a população de qualquer senso de continuidade com o passado, além de isso se tratar de um obstáculo para a realização de todos os desejos do presente, nenhuma conspiração na história do mundo teria sido mais bem-sucedida. Nunca antes uma geração inteira flutuou tão livremente no momento presente.

Interessado pelo mundo mental dos meus pacientes mais jovens, pergunto pelo seu conhecimento de história. Por exemplo, peço a eles que deem o nome de um primeiro ministro britânico que não seja o atual ou a Sra. Thatcher (cuja memória sobrevive como uma espécie meio crível de bruxa má). A resposta usual é: "Eu não sei, ainda não tinha nascido", como se só pudéssemos conhecer algo pessoalmente. As palavras *mil e sessenta e seis* provavelmente evocam o preço de alguma coisa em vez de um evento histórico de alguma magnitude.[2]

Agora, é claro, mesmo que houvesse uma melhora do ensino de História, é muito improvável que se fizesse qualquer menção ao lixo.

---

[2] Em 1066 d.C., a Inglaterra sofreu a última invasão *viking* de sua história, resultando na conquista do país por um exército liderado por Guilherme, Duque da Normandia. Mais tarde chamado Guilherme I, ele reinaria até morrer em 1087. (N.T.)

Ninguém informaria às crianças de que, era uma vez, em uma época não muito distante, o país inteiro não estava coberto com os restos de milhões de embalagens de salgadinhos. Não é nenhum juízo particular que tornou impossível às raias do fracasso o ensino de História. São a capacidade e o hábito de tecer juízos que foram inteiramente destruídos ou, melhor dizendo, nunca foram desenvolvidos. Todo juízo, disse o Dr. Johnson,[3] é comparativo. Se você priva as pessoas de qualquer conhecimento com base no que elas poderiam vir a comparar, o juízo em si torna-se impossível. Uma população incapaz de julgar é o resultado. Uma população vivendo em um eterno presente no qual nada muda, jamais, mesmo que mude, e que é colocada nas mãos de políticos e burocratas. Pelo menos até que essas pessoas subitamente fiquem furiosas com alguma coisa.

Um povo que não aprendeu a arte da comparação reflexiva não viaja ao exterior para aprender ou mesmo para ver alguma coisa. Ele viaja para fazer exatamente o que faria em casa se pudesse, 7 dias por semana em vez de 2 (o fim de semana), com mais sol e calor. Essas pessoas não têm qualquer interesse na história ou nos costumes locais. Levam seu próprio modo de vida consigo, como se não houvesse outro possível, e exageram seus aspectos menos atraentes.

Embora tenham ouvido falar das hipocrisias multiculturais, não lhes ocorre que os habitantes desses países aos quais afluem possam se ofender ou sentir repulsa pelo comportamento dos visitantes. Há uma lógica nisso. Se é verdade que todas as culturas são iguais e todos os costumes são, portanto, aceitáveis, então ninguém tem o direito de criticá-los ou considerá-los deploráveis.

Qualquer um que tenha visto jovens britânicos passando férias juntos em *resorts* estrangeiros atestará o que se segue. Eles protagonizam cenas de devassidão ébria todos os dias, do tipo que diretores hollywoodianos de segunda categoria poderiam organizar em alguma reconstituição barata de Sodoma e Gomorra. Bebem, gritam, brigam e vomitam nas

---

[3] Samuel Johnson (1709-1784) foi um ensaísta, lexicógrafo, poeta, editor, moralista e biógrafo, tido como uma das figuras mais destacadas na história das letras inglesas. (N. T.)

ruas; acham certo perder qualquer inibição que ainda tivessem, e que é obrigação do país que os recebe lidar com isso.

Eles são arrogantes e intransigentes. Podem não ser individualmente ricos, mas têm plena consciência de seu poder de compra conjunto e da sua importância econômica para os desafortunados anfitriões. Não há, portanto, nenhum motivo para que devam moderar seu comportamento. Vi policiais espanhóis observando cenas de libertinagem protagonizadas por britânicos, as quais com certeza não permitiriam que seus conterrâneos desempenhassem. Infeliz do *resort* que dependa, para o seu sustento, das massas de jovens turistas britânicos, os quais acreditam que qualquer coisa, à exceção de assassinato, é permitida.

Não se espera que esse tipo de jovem britânico em férias observe a diferença relativa ao lixo entre seu país natal e aquele para o qual viajou. Ele não está ali para observar, quanto mais para fazê-lo com cuidado; ele está ali para liberar seus apetites grosseiros o quanto puder. E, se ouvir esses jovens conversando sobre a noite maravilhosa que tiveram na véspera, você descobrirá que a prova irrefutável que eles dão para a asserção feita é de que não conseguem se lembrar de nada graças à quantidade de bebida que consumiram. Isso, claro, é uma visão bastante sombria ou pessimista dos prazeres disponíveis para a consciência humana, e eu com frequência me pergunto, quando ouço os gritos e berros dos jovens britânicos bêbados, se não há um desespero subjacente neles, o desespero das pessoas cujas vidas são desprovidas de real significado ou propósito.

6. É o meu direito

Contudo, objetarão, nem todos os britânicos, nem mesmo todos os jovens britânicos, são assim. Certamente não. Mas não é necessário que sejam todos iguais para que haja um efeito ou mesmo seja dado o tom da sociedade. Se, por exemplo, apenas 20% da sociedade for de porcalhões inveterados, isso já será o suficiente para afogar o país em lixo.

Tampouco é suficiente para entender uma tendência apenas fazer uma sondagem ou conduzir uma pesquisa, e concluir que está tudo bem porque as pessoas que sustentam visões repugnantes ou se comportam mal representam uma minoria. Até onde podemos constatar pelos resultados das eleições livres, a maioria dos alemães nunca foi a favor do nazismo. O instantâneo estático de uma sociedade não é a melhor maneira de compreendê-la.

E resta pouca dúvida, acredito, de que o número de pessoas entre nós que jogam lixo por aí tem aumentado. Além disso, elas exercem uma espécie de efeito guerrilha entre os que não jogam lixo, a exemplo de todas as pessoas na Grã-Bretanha que se comportam mal e exercem tal efeito sobre as demais. Aquelas que ainda se comportam com algum nível de decoro têm medo de pedir, que o dirá exigir, o mesmo de seus concidadãos.

De onde vem esse medo? Em parte, ele é puramente físico, mas também sutilmente metafísico. Vamos primeiro considerar o aspecto físico.

As pessoas têm medo de pedir uma mudança na conduta de seus concidadãos porque têm consciência da fragilidade do temperamento dos outros. Hoje, nada restou do contrato social além de um acordo para que as pessoas se deixem em paz, independentemente do que o outro estiver fazendo. O contrato é aplicado sob ameaça, e seu princípio mais elevado é *noli me tangere*, "não me toques".

A consciência de que muitos jovens carregam facas é atrelada à consciência de que aqueles mais propensos a usá-las são precisamente os que se comportam pior ou perturbam mais os outros. Por mais que você se afeiçoe às ruas limpas ou à ausência de música alta nos trens e outros lugares, é improvável que você queira morrer por esses anseios. Nos dias de hoje, os mártires só morrem por causas ruins.

Torna-se claro, então, que os menores atos antissociais florescem porque poucos estão dispostos a assumir o pequeno risco de se machucar seriamente ao se colocar contra eles. Ademais, aqueles que estariam mais inclinados a objetar são precisamente os que ainda retêm algo da antiga cultura de autocontenção, e, muito provavelmente, se sentiriam embaraçados por exibições públicas de emoção que o ato de pedir a alguém que mude seu comportamento — deixar de jogar lixo em qualquer lugar, abaixar o volume da música, tirar os pés do outro assento no trem — seria capaz de provocar. Mesmo que a pessoa a quem se dirigir o pedido de parar de fazer uma dessas coisas não tenha uma faca, ou tenha e não use, é provável que ela reaja com a veemência dos justos. E a última coisa que uma pessoa da velha guarda quer é *to have words* [trocar gentilezas] (para usar uma expressão fora de moda) com um completo estranho, especialmente quando a consistência requer que ele repita o episódio muitas vezes por dia, sempre com alguém bem mais forte.

Mas a coisa não acaba aí. Surge a questão de por que tantas pessoas, especialmente entre os jovens, passam tão facilmente à raiva defensiva, por que são tão irritadiças, por que se incendeiam tão rapidamente com qualquer sugestão de reprovação, ainda que formulada com suavidade? Essa raiva, correndo sob a superfície feito lava esperando para entrar em erupção, existe em pessoas jovens e de idades cada vez menores. Por certo, quando se deparam com esses grupos, os cidadãos pensam duas vezes antes de falar até mesmo com meninos de 8 ou 9 anos. Confesso que, quando vejo bandos deles na rua ou em um ônibus, a imagem que me ocorre é a de um cardume de piranhas.

A causa dessa raiva, desse ego incrivelmente sensível e inflamado como um abcesso saliente quando você o pressiona, é um individualismo exagerado. As pessoas não só são levadas a acreditar que sua vontade é a lei (muitos pais costumavam vir a mim em um estado de perplexidade diante da conduta desagradável do filho porque, como diziam, "nós damos tudo o que ele quer", e até mesmo antecipavam seus desejos futuros), de tal modo que a menor frustração de sua vontade é vivenciada como sofrimento, mas também o discurso moral é cada vez mais reduzido às questões sobre os direitos do indivíduo.

A noção dos direitos, ao menos quando levada além das generalidades mais amplas da Declaração de Independência dos Estados Unidos, é altamente incendiária para as mentes mais fracas. Há, é claro, problemas filosóficos até mesmo com os direitos enumerados na Declaração. Se eles são autoevidentes, por que se levou tanto tempo para descobri-los? A autoevidência de uma proposição raramente é autoevidente até que alguém a aponte. Autoevidência, em outras palavras, é em geral algo mais *a posteriori* do que *a priori*. E pode a existência de qualquer coisa autoevidente ser negada ou contestada? Bentham[1] estava provavelmente certo ao chamar essa conversa sobre direitos de "estupidez em pernas de pau".

A velocidade com que uma doutrina dos direitos ainda mais expandida foi aceita é impressionante (ao menos para mim). Ela não é apenas inquestionada, mas inquestionável. Certa vez, perguntei a uma paciente de dezessete anos qual era a sua ambição. Ela me disse que queria ser advogada, e perguntei se havia algum ramo do direito que a interessava mais.

— Direitos humanos — ela respondeu com um sorriso beatífico
    se desenhando nos lábios, como se fosse uma garota devota

---

[1] Jeremy Bentham (1748-1832) foi um filósofo e jurista inglês que ajudou a difundir o utilitarismo. A frase aludida por Dalrymple está no texto *Anarchical Fallacies* (1816), uma crítica à Declaração dos Direitos do Homem e do Cidadão feita pelos revolucionários franceses em 1789. (N.T.)

anunciando a sua vocação. Embora ela ainda não soubesse, aquilo era 100% filantropia.

— Ah, sim — eu disse. — E de onde vêm os direitos humanos?

Ela olhou para mim com horror, como se eu tivesse cometido um terrível *faux pas* social.

— O que você quer dizer? — perguntou.

— Bem — eu disse —, eles estavam lá para ser descobertos, como Colombo descobriu a América, ou foram inventados como Hans Christian Andersen inventou suas histórias, ou são apenas concedidos pelos governos, podendo, nesse último caso, ser facilmente revogados pelos governantes?

— Você não pode me perguntar isso — ela disse, como se sentisse dor.

Não insisti no assunto, mas basta dizer que eu não esperava que meu ceticismo tivesse muito efeito sobre a fé dela, uma mistura de idealismo juvenil, presunção e avaliação sagaz das possibilidades de carreira.

A população, no entanto, não tem dúvidas quanto à origem metafísica dos direitos humanos: eles estão inscritos na constituição do universo. Um direito não pode ser revogado, pois, do contrário, não seria um direito em primeiro lugar; nem pode ser limitado por qualquer tipo de restrição, ou do contrário, de novo, não seria um direito. Se eu tenho o direito de ouvir minha música, eu o tenho aqui e agora, e no volume que quiser. Se alguém que estiver por perto reivindicar seu direito ao silêncio, a diferença entre nós pode ser resolvida mediante uma competição de rispidez na reinvindicação de nossos respectivos direitos. Não surpreende que nesse contexto é a pessoa mais violenta que consegue o que quer. Pessoas revestidas de direitos — e quase todos os dias sabemos de novos direitos — são naturalmente inclinadas a pensar em si mesmas como seres supremamente importantes. Primeiro, a teoria heliocêntrica do sistema solar e, depois, a teoria da evolução podem ter tirado o homem do pedestal que ele mesmo erigiu, mas a doutrina dos direitos humanos o colocou de volta, ainda que com uma diferença: antes, era a humanidade que estava no pedestal; agora, o indivíduo.

Uma pessoa que se considera revestida de direitos além dos mais elementares desenvolve certas características. Ela se torna egocêntrica. Quando seus direitos se tornam amplos o bastante, quando englobam a maioria dos aspectos da existência humana, ela prescinde da experiência e, portanto, da atitude de expressar gratidão: pois tudo o que ela tem, ela tem por direito e é, por conseguinte, apenas a realização de um benefício constituído. Se, contudo, achar que foi privada do que é seu por direito (e, quanto mais amplos forem os seus direitos, maior a probabilidade de ela se sentir assim), ela se sente lesada. A pessoa investida de direitos oscila, portanto, entre a ingratidão, no melhor dos casos, e o ressentimento, no pior.

É da natureza do homem que o desapontamento o acompanhe em sua jornada terrena; mas, quando o desapontamento é também sentido como uma injustiça, em vez de uma consequência inevitável de se ter nascido como um ser consciente, ele é duplamente doloroso. Quando lhe dizem que a igualdade de oportunidades é um direito seu, e que também é seu direito atingir qualquer objetivo do qual é capaz, e quando você compara essas promessas com sua verdadeira posição na vida, é provável que você se sinta trapaceado. Pois quem, de fato, atinge seu potencial? Quem não poderia ter feito melhor se as coisas tivessem sido diferentes?

Autoimportância, aliada à sensação de se ter sofrido injustiça, não é uma receita para facilitar a sociabilidade. Raiva e amargura nunca estão distantes da superfície; e, desde que a insatisfação de alguém com a vida é creditada ao fato de seus direitos terem sido violados ou negados, a aparente felicidade ou boa sorte dos outros também é tida como consequência de um mundo injusto. Na verdade, os culpados são os outros. Dessa forma, o mundo está cheio de provocações em cada esquina, e a raiva apenas aguarda uma oportunidade para se expressar. A menor frustração causada por outra pessoa é encarada como um desafio aos direitos, o qual precisa ser enfrentado e vencido ou se perderá de imediato sua soberania absoluta. A distinção entre respeito e temor é apagada. Ser respeitado é provocar medo nos outros.

Qualquer forma de correção, mesmo que expressa com suavidade ou estudadamente contida, é, por conseguinte, uma agressão à concepção que a pessoa tem de si como o Rei Sol de sua própria alma. Ela não aceitará quaisquer padrões além dos seus. Poderá, é claro, aceitar a força como uma razão para se conformar a uma regra estabelecida por outros, ainda que provavelmente com ressentimento em seu coração, porém, a partir do momento em que a regra não é mais aplicada com eficiência, ela não vê mais razão para obedecê-la – é bem o oposto, na verdade –, pois vive em uma cultura na qual o inconformismo é tido como indicativo de uma independência da mente e do espírito. Não lhe ocorre que o inconformismo logo se torna um conformismo por si só. Os ditirambos de John Stuart Mill sobre o inconformismo como a fonte de toda verdade e progresso são bem conhecidos por essa pessoa, não porque tenha de fato lido aquele grande tratado sobre a liberdade[2] com atenção, mas porque eles entraram no estoque geral de ideias convencionais. Em contrapartida, a resposta de James Fitzjames Stephen a Mill,[3] de que a independência da mente não consiste em pensar diferentemente de todas as outras pessoas, mas pensar por si mesmo (o que, claro, é impossível em 90% do tempo, mesmo para os mais capazes), não penetrou na consciência pública. Isso tampouco aconteceu com a opinião de Mill, no mesmo tratado, segundo a qual os homens que não cumprem com suas obrigações em relação aos filhos deveriam ser legitimamente condenados a trabalhos forçados.

Então, se a verdade e a virtude surgem das opiniões não convencionais e do que Mill chama de "experiência de vida", disso não se segue que estará mais próximo da verdade e será mais virtuoso quem estiver mais afastado das convenções?

Não, a rigor, seja logicamente, seja na prática. Não se segue porque um homem que evita um vício pode facilmente se apegar a outro: é fácil evitar a ganância exercitando (se essa é a melhor palavra) a preguiça. E, como o próprio Mill reconhece, muitas verdades convencionais são aceitas desse modo precisamente porque são verdadeiras. Não desperdiçamos o nosso tempo tentando provar, a partir de evidências que nós mesmos

---

[2] No caso, *Sobre a Liberdade* (1859), uma das mais célebres obras do filósofo e economista inglês John Stuart Mill (1806-1873). (N.T.)

[3] James Fitzjames Stephens (1829-1894) foi um advogado, juiz e escritor inglês. O livro em questão é *Liberty, Equality, Fraternity* (1873). (N.T.)

recolhemos, que o mundo é redondo, e não plano, ou que o sangue circula. A pessoa que se crê altamente não convencional e se orgulha disso (as duas coisas em geral caminham juntas) aceita diariamente muito mais convenções a que jamais poderia desafiar.

É uma crença política e uma convenção social que a pessoa "não convencional" é normalmente desafiadora. Gênios da ciência como Richard Feynman, com suas ideias nada convencionais e um comportamento também ligeiramente incomum, são tão poucas e dispersas que acabam se mostrando sociológica ou demograficamente insignificantes. E mesmo aqui as coisas não são simples, pois, com frequência, as pessoas que acreditam estar bravamente atacando uma convenção atacam o que há muito deixou de exercer qualquer influência maior nas pessoas. Por exemplo: vários intelectuais de renome publicaram recentemente, em um curto espaço de tempo, ataques polêmicos à religião, todos de um ponto de vista filosófico e dos efeitos das religiões na história e nos dias de hoje, com frequência usando argumentos que datam da época de Lucrécio,[4] com os quais eu já era familiarizado aos 12 ou 13 anos. (Meu pai tinha vários exemplares da *Biblioteca dos Pensadores*, publicada pela Rationalist Association, com suas lombadas marrons e uma reprodução da estátua *O Pensador*, de Rodin, impressa na capa, entre os quais havia uma coleção de ensaios de Charles Bradlaugh, o ateísta militante da segunda metade do século XIX, e primeiro ateu declarado a ser membro do Parlamento, que costumava subir em um palanque, tirar seu relógio do bolso e desafiar Deus a matá-lo com um raio nos 60 segundos seguintes.) Esses novos intelectuais ateístas, contudo, escrevem como se fossem pioneiros corajosos, combatendo a ortodoxia e arriscando suas vidas ao fazê-lo, como se gritassem "Deus não existe e Maomé não é seu profeta" no meio de Meca, em pleno *haji*.[5]

---

[4] Tito Lucrécio Caro (99 a.C.-55 a.C.) foi um poeta e filósofo romano. Sua obra mais conhecida é *De Rerum Natura* [Sobre a Natureza das Coisas], na qual procura libertar os romanos da influência religiosa a partir dos ideais epicuristas. (N.T.)

[5] *Haji* é a peregrinação anual feita pelos muçulmanos até a cidade santa de Meca, na Arábia Saudita. Ela deve ser feita pelo menos uma vez na vida por todo muçulmano adulto que disponha dos meios para realizá-la e goze de boa saúde. (N.T.)

Deixando de lado a questão sobre se Deus existe ou não, e se a religião mais ajudou ou prejudicou a civilização (embora concorde que sejam questões pertinentes), parece óbvio para mim, um ateísta, que nos dias de hoje requer mais coragem, ao menos em círculos intelectuais, declarar abertamente uma fé religiosa do que negar a existência de Deus. Por muitos séculos, é claro, esse não era o caso: vide as ironias eloquentes de Gibbon[6] e Hume,[7] que sentiram que não poderiam expressar às claras sua falta de fé, mas tinham que disfarçá-la com um código. Contudo, ao que tudo indica, o fato de que os tempos mudaram ainda não entrou na cabeça dos ateístas modernos, que acreditam estar vivendo em teocracias intolerantes.

Usei essa questão apenas como um exemplo da maneira como as pessoas, muitas vezes muito inteligentes, como o são os novos ateístas, podem se enganar quanto ao que a crença convencional de fato é. Assim, muitos acreditam estar desprezando as convenções ao se comportarem de uma maneira que já foi anticonvencional, mas agora não o é mais. Há, agora, muito mais boêmios do que homens que trabalham de terno e chapéu de coco, com um guarda-chuva a tiracolo. Generais, como se costuma dizer, sempre lutam a guerra atual como se fosse a última, mas eles não estão sozinhos em seu anacronismo. Populações inteiras podem acreditar que estão sendo ousadas quando se opõem ao que já foi derrotado ou morreu há muito tempo. Isso se dá particularmente em razão da intelectualização em massa da sociedade. Então, milhões de pessoas podem considerar seu dever rejeitar a sabedoria de eras ou, pelo menos, das gerações anteriores. Fazer diferente seria se perder da própria casta.

Assim, não preocuparia os jovens que atiram lixo em toda parte aprender que seu comportamento representa uma mudança em relação ao daqueles que os precederam. Pelo contrário, isso os encorajaria.

---

[6] Edward Gibbon (1737-1794) foi um historiador inglês, autor do clássico *Declínio e Queda do Império Romano*. (N. T.)

[7] O filósofo escocês David Hume (1711-1776) é um dos principais nomes do empirismo britânico. (N. T.)

7. O outro mundo

Ainda assim, suspeito que, se você chamar a atenção dessas pessoas para o lixo em que seu país está atolado, a maioria admitirá que não o havia notado. Seria como uma surpresa para elas, porque antes não prestaram muita atenção nisso.

Os estudantes caminham por ruas imundas sem se dar conta disso não só porque estão acostumados, mas também porque estão encasulados em um mundo próprio. Muitos deles, quando sozinhos, caminham pelas ruas com fones despejando música em seus ouvidos, do tipo de música que induz a um estado de transe. Eles gastam uma parte enorme e sem precedentes de suas vidas despertas, e às vezes até mesmo de seu sono, presos ou no âmbito de algum tipo de estímulo eletrônico. Desde a mais tenra idade, são mais familiarizados com a tela da televisão do que com o mundo exterior (boa parte das crianças britânicas não é mais autorizada pelos pais a brincar fora de casa; eles acham que isso é perigoso demais para os filhos.). É motivo de orgulho, não de vergonha, para muitos pais que eles tenham instalado aparelhos de televisão nos quartos dos filhos. Jogos de computador e iPods completam a divisão do mundo entre virtual e real, o primeiro sendo infinitamente mais vívido e cativante (e, no fim das contas, real) do que o último. Agora, é possível atingir um estado mental semelhante àquele prazeroso estado meio dormindo, meio acordado que muitos de nós experimentamos por horas a fio após uma boa noite de sono, aderindo à total consciência apenas pelo choque da percepção das dificuldades da vida. A música *pop* é o ópio do povo.

O bombardeio de estímulos eletrônicos é, de uma forma ou de outra, qualquer coisa, menos inescapável. Muitas lojas agitam seus fregueses e destroem seus poderes de discernimento tocando música alta, ligeira e com ritmos repetitivos. Não surpreende que os clientes contraiam dívidas consideráveis ao comprar porcarias que lhes dão um prazer momentâneo. Mesmo em muitas livrarias, onde se poderia pensar que o silêncio seria um estímulo para as vendas, o explorador não é deixado sozinho com seus pensamentos ou com os pensamentos de um livro, mas tem o cérebro abalroado com música. Em bares e restaurantes, nos saguões das estações de trem, nas salas de espera dos aeroportos, nos ônibus, nos bancos traseiros de carros que transportam crianças, em lares nos quais a televisão nunca é desligada e em muitos outros lugares, as telas piscam e brilham, imperiosamente exigindo atenção mesmo que o som não se faça ouvir e as imagens se sucedam rápido demais para expressar qualquer narrativa.

Tão onipresente esse tipo de estímulo se tornou que as pessoas agora se sentem desconfortáveis quando de sua ausência, ou seja, na presença de seus próprios pensamentos. Assim como os moradores das cidades com frequência acham a intensa escuridão da noite no interior remoto surpreendente e perturbadora, nunca antes tendo percebido que a escuridão é, de fato, a ausência de luz, as pessoas agora também consideram o silêncio intimidador. Antes, nos hospitais, o silêncio costumava ser considerado, se não parte do tratamento em si, pelo menos uma ajuda na recuperação e reabilitação. Agora, o silêncio é tão ameaçador para os pacientes – ainda que fiquem no hospital apenas uma fração do tempo que deveriam – que eles precisam ter acesso a entretenimento o tempo inteiro, do momento da chegada até aquele em que vão embora, mesmo que este último seja o da morte. (As salas de espera dos hospitais são outros ambientes nos quais há o estímulo compulsório das telas; certa vez, cheguei ao ambulatório e me deparei com o som de um alegre *jingle* publicitário entretendo os pacientes ou, melhor dizendo, litigantes em potencial, pois o *jingle* dizia: "Onde há culpa, há multa".)

Quando as pessoas vivem o bastante e intensamente no mundo virtual, sobretudo desde a infância, elas se tornam o que antes se chamava "de outro mundo". Os professores, ao menos na imaginação popular, outrora viviam absorvidos por problemas intelectuais abstrusos e, como consequência, esperava-se que fossem distraídos; mas os distraídos modernos vivem em séries de TV ou em um transe induzido por música *pop*. Há alguma diferença nos valores desses dois tipos de distraídos? Afinal, a perda do eu em ambos os casos é algo que os místicos aprovariam; e, com frequência, tenho dito aos meus pacientes, muitos dos quais escolados na linguagem da psicobobagem, que eles precisam não se encontrar, mas se perder de si mesmos. Importa como?

Há uma diferença (creio) tanto em relação a como quanto ao porquê de os homens absorvidos pela busca intelectual e aqueles em transe com música *pop* perderem a consciência do que está imediatamente ao redor. O primeiro é ativo e o segundo, passivo; o primeiro se perde por um propósito que não é de todo egoísta, o segundo por razões egocêntricas e narcisistas. Independentemente de qualquer obsessão por fama, dinheiro ou glória que o professor distraído possa ter, ele espera contribuir com algo de valor e possivelmente duradouro para a reserva do conhecimento humano. O homem que entra em transe com música *pop* só se preocupa consigo mesmo. É o esquecimento que ele busca, pois não sabe o que fazer com a consciência e porque não gosta das contínuas responsabilidades que ela impõe. Quando acorda de seu transe, contudo, ele está duplamente inclinado à raiva. Em primeiro lugar, porque foi em virtude de sua insatisfação ou raiva que, para começo de conversa, ele buscou refúgio no esquecimento, e a raiva sobrevive ao transe porque este nada faz para mudar suas causas ou, melhor dizendo, seus pretextos; e, em segundo lugar, porque ele desperta de um estado mais agradável para um menos agradável, e todo desvio da felicidade é, para ele, evidência adicional das injustiças que sofre.

Uma pessoa que valoriza o estado de transe por si só, que procura entrar nele com frequência e lá ficar pelo maior tempo possível, não é alguém que provavelmente levará em conta pequenas obrigações como a de não jogar lixo na rua, pelo bem dos outros e do ambiente ao redor.

Dirigir longas distâncias é outra maneira de entrar em um estado de transe. Quem nunca experimentou a sensação de repentinamente voltar a si enquanto dirige, aparentemente inconsciente de todos os lugares pelos quais passou nos últimos minutos, mas no decorrer dos quais pode muito bem ter executado manobras complexas e perigosas em alta velocidade? Não só a natureza prolongada de dirigir por longas distâncias conduz ao transe, mas também uma alta porcentagem de motoristas agora se droga com música enquanto está ao volante. Uma rápida pesquisa sobre a música tocada enquanto eles trafegam por qualquer estrada movimentada do país sugere que é precisamente o tipo de música que mais efetivamente induz ao transe, pesada quanto ao ritmo monótono, mas leve no que diz respeito ao conteúdo.

Contudo, embora o estado de transe possa explicar a indiferença com que as pessoas contemplam, ou melhor, falham em contemplar a bagunça ao redor, além de aumentar a facilidade ou a negligência com que contribuem com ela, não explica por completo as origens da bagunça. Afinal, há distâncias maiores, bem maiores, pelas quais as pessoas dirigem em outros países, nos quais não há tamanha bagunça. Tampouco há razão para supor que as pessoas de outros países ouçam menos rádio e CD enquanto dirigem; embora se deva admitir que os gostos musicais dos jovens britânicos são excepcionalmente degradados (a pessoa só precisa ouvir a música popular de qualquer outro país para perceber isso). Ademais, acidentes graves de trânsito são menos, e não mais, comuns na Grã-Bretanha do que em qualquer outro lugar, precisamente o oposto do que se poderia esperar.

O carro é, para muitos, a extensão do lar. Na verdade, para alguns é mais importante do que a casa, posto que representa a expressão pública de seu status. Com frequência, são vistas casas bem modestas com carros imodestos estacionados na frente. E o interior de um carro na estrada é um espaço quase tão privado quanto o da casa, talvez até mais, uma vez que, em geral, está livre da parceira sexual e das crianças.

As reinvindicações da esfera privada aumentaram, e as da esfera pública diminuíram. Não é verdade, estritamente falando, que a economia britânica foi privatizada, posto que a parcela do Estado na totalidade das atividades econômicas raras vezes foi tão grande quanto o é agora.

Além disso, o peso do Estado nas questões regulatórias é maior do que nunca, ao ponto de esmagar parte da iniciativa privada. Leis são despejadas pelas prensas do governo como palavras da boca de um maníaco-depressivo na fase maníaca, muitas delas sem qualquer supervisão parlamentar, de tal modo que as pessoas têm dificuldade em se manter atualizadas com as regulamentações mesmo dentro de sua própria área de empreendimento. É quase como se a propriedade privada só fosse mantida pelos seus donos à custa do governo ou sob condições restritas de usufruto.

Como *quid pro quo* pela intrusão e regulação dos menores detalhes da vida econômica, o governo tem encorajado a genuína privatização da moral pessoal. Ele se tornou estudiosamente neutro, por exemplo, quanto à maneira como homens e mulheres escolhem se associar e ter filhos juntos, não mais privilegiando o casamento. Na verdade, essa neutralidade, como aquela do governo britânico em relação aos beligerantes na Guerra Civil Espanhola, é mais aparente do que real. Assim como na Guerra Civil Espanhola um dos lados recebia muito mais apoio militar por fora do que o outro, também o governo, ao subsidiar o que antes eram consideradas uniões irregulares, está na verdade as encorajando e promovendo, transformando a si mesmo, no processo, em um pai substituto em grande escala. Isso é gratificante, consciente ou inconscientemente, para o governo e a enorme classe de burocratas que depende dele: responsabilidade é a justificativa perfeita para a tomada do poder. E assim como eles não devem ter poder sem responsabilidade, também não pode haver responsabilidade sem o poder que a acompanha. É claro que governos estão muito bem preparados, ou na verdade ávidos, para exercer poder sem responsabilidade, assim como estão dispostos a negar responsabilidade para desviar a culpa de si para outros quando as coisas dão errado. Mas, em geral, eles buscam mais pretextos para ter mais poder de interferência – para o bem dos cidadãos, é claro.

E o governo nunca cessa de encontrar tais pretextos. Pelo contrário, quanto mais procura, mais encontra. Nenhuma profissão está a salvo da assustadora tirania dos novos reis-filósofos. O governo, responsável pela saúde da população, limita e gradualmente elimina a liberdade da profissão médica, dizendo com detalhes cada vez maiores o que deve e o que não deve ser feito; o governo, responsável pela educação da nação, limita e gradualmente elimina a liberdade dos professores universitários, e diz a eles o quê, como e o quanto ensinar. Para demonstrar sua crescente produtividade, profissionais devem desperdiçar cada vez mais o seu tempo preenchendo formulários; eles devem não só respeitar os regulamentos, mas também provar que respeitaram os regulamentos. E assim o trabalho, mesmo aquele que outrora era tão gratificante, em grande parte e em si mesmo a própria recompensa, torna-se uma forma lenta de tortura.

As coisas dificilmente são melhores no chamado setor privado, por duas razões: em primeiro lugar, porque o setor privado está quase tão sujeito à regulação do governo quanto o setor público; e, em segundo lugar, porque as grandes organizações privadas tendem, de qualquer forma, a desenvolver seus próprios controles burocráticos. A necessidade de lucrar e o fato de que é quase impossível esconder por muito tempo se houve ou não lucro limitam, sem dúvida, esse absurdo gogoliano;[1] se empresas privadas operassem do mesmo modo que os departamentos governamentais, elas iriam à falência rapidamente. Mas ainda há margem suficiente para privar os funcionários de qualquer satisfação em seu trabalho.

Mesmo os trabalhadores autônomos têm suas atividades tão regulamentadas – pois o governo, como eterno vigilante e benévolo guardião do bem-estar da população, deve garantir a proteção contra vigaristas, trapaceiros e incompetentes – que não se veem mais como firmemente independentes. Eles são independentes apenas no nome: quase que o mesmo peso recai sobre eles assim como em todos os outros.

Todos os que sofrem esse peso das interferências e regulamentações governamentais sabem o quão pouco elas têm a ver com sua justificativa ostensiva. Grande parte disso se refere a um esquema para empregar burocratas que, de outro modo, não conseguiriam emprego. Esses funcionários são, ao mesmo tempo, conscientes e inconscientes da própria redundância (a mente humana é um instrumento tão maravilhoso da consciência que, quando

---

[1] Alusão ao autor russo Nikolai Gogol (1809-1852). Em obras como *Almas Mortas*, *O Nariz* e *O Diário de um Louco*, Gogol explorou o absurdo da realidade cotidiana russa, criando uma sensação de estranhamento que lhe é muito própria. (N.T.)

o motivo é forte o bastante, contém em si proposições que não só são contraditórias como também sabem que o são, sem rejeitar nenhuma delas). Assim, os burocratas podem estar envolvidos com a mais ridícula das tarefas, da qual estão cientes, e mesmo assim se comportar com sinceras urgência e seriedade, como se o futuro de algo vital dependesse de seu trabalho.

Seis meses depois de os terroristas lançarem aviões de passageiros contra o World Trade Center e o Pentágono, recebi, na penitenciária onde eu então trabalhava havia mais de uma década, um formulário bem impresso para preencher. Acompanhando o formulário, uma carta dizendo que, se eu não o preenchesse dentro de poucos dias, seria demitido.

A principal questão no formulário era se, em algum momento, eu tinha sido ou continuava sendo um terrorista. Eu devia assinalar um dos quadradinhos, "sim" ou "não".

Suponho que não seja necessário digressionar longamente sobre o absurdo desse procedimento. Só um terrorista bem estranho diria a verdade simplesmente porque lhe perguntaram. Um amigo advogado sugeriu que a pergunta era feita dessa maneira porque é mais fácil processar um mentiroso do que uma pessoa que praticou a atividade sobre a qual mentiu. Mas, se for assim, apenas se estaria transferindo o absurdo para um patamar ligeiramente diferente. Permaneceria o fato de que, legalmente falando, seria considerado pior mentir sobre ser um terrorista do que, de fato, ser um.

O formulário, é claro, deve ter criado algo como uma indústria caseira ou, melhor dizendo, várias indústrias caseiras. Os altos funcionários devem ter se reunido (talvez durante o café da manhã, dando a impressão para si mesmos de que estavam se sacrificando pela segurança da nação) para elaborar uma resposta à ameaça do terrorismo. Para a mente do burocrata, não existe problema para o qual não haja um formulário igual e contrário a preencher, o qual pelo menos absolve o oficialato da culpa quando o problema não é resolvido.

Tendo criado e impresso o formulário, os burocratas criaram bastante trabalho para os subalternos, tanto os locais quanto os nacionais. Os locais deveriam se assegurar de que toda a equipe de suas instituições preenchesse o formulário e de perseguir aqueles que não o fizessem. Nacionalmente, é claro, a informação assim reunida deveria ser recolhida e tabulada.

Uma coisa não aumentaria como resultado de toda essa atividade, a saber: a segurança do país frente à ameaça de ataques terroristas.

Contudo, embora o formulário fosse sem sentido em vista de qualquer propósito aparente, não era totalmente desprovido de função. Devemos nos desiludir da ideia fora de moda, mas talvez plausível em algum momento, de que o objetivo ostensivo da atividade burocrática é o seu objetivo real. Ao me intimidar (e *a fortiori* muitos outros) para preencher o formulário que eles deviam saber que eu e todos os outros considerávamos um disparate dos mais extremos, apenas para que eu e os demais pudéssemos manter sem dificuldades nossos empregos – a recusa de fazê-lo não seria encarada como um protesto contra a idiotia, mas como um sinal de simpatia pelo terrorismo ou coisa pior –, os burocratas efetivamente destruíram a nossa idoneidade. E é bem mais fácil controlar uma força de trabalho que não tem idoneidade do que uma com padrões elevados. O preço da independência consiste na adesão a ideais de conduta, e o objetivo dos que buscam o poder é forçar aqueles que seriam independentes a abandonar esses ideais, transformando todos em serviçais. Uma vez que todos estão juntos nisso, ninguém resistirá a nada.

Se o formulário perguntando se eu era ou tinha sido um terrorista fosse um exemplo isolado dessa idiotia humilhante, ele não teria muita importância. Mas ele estava longe de ser um exemplo isolado; na verdade, há um aumento quase exponencial desses exemplos. É como se os líderes da nossa sociedade tivessem lido três autores e pegado seus imaginários distópicos como modelos: Gogol para o absurdo; Kafka[2] para a ameaça; e Orwell[3] para a mendacidade e a corrupção da linguagem.

---

[2] O judeu Franz Kafka (1883-1924) nasceu e viveu em Praga. Escritor de expressão alemã, é o autor de obras-primas como *A Metamorfose*, *O Processo* e *O Castelo*. Em muitas de suas narrativas, os indivíduos se veem ameaçados por forças coercitivas animadas por um insondável corpo jurídico e burocrático, cuja amplitude não conseguem depreender. (N.T.)

[3] George Orwell (1903-1950), nascido Eric Arthur Blair, foi um ficcionista, ensaísta e jornalista britânico, bastante conhecido por seu clássico distópico *1984*. (N.T.)

A opressão mais frequente do que Tocqueville chamou de "tirania da maioria", tão difícil de se opor porque se esgueira sem chamar a atenção, de tal modo que nenhuma instância isolada dela valha o sacrifício pessoal, e também porque sua fonte primeira é tão difícil de identificar, é restrita a um mundo privado, o que os oponentes do nazismo que não deixaram o país chamavam de "migração interna". Havia a mesma resposta no mundo comunista para os dissidentes do regime: a energia era reservada à vida privada, ao passo que a esfera pública era a esfera das mentiras e coisas piores.

Nessas circunstâncias, tudo o que acontece fora das paredes de uma casa ou das portas fechadas de um carro, ou que não tenha referência às preocupações pessoais mais restritas, carece tanto de realidade quanto de importância. O mundo é dividido entre "eles" e "nós", sendo "nós" um número realmente pequeno, às vezes apenas um. Quem se importa com o que acontece em um mundo de mentiras, *bullying*, aquiescência forçada e dissimulação? Por que "nós" deveríamos obedecer às suas regras ou acatar suas normas? Queremos ter o mínimo possível a ver com isso, ao ponto de nem mesmo olhar para ele se pudermos, para que não percebamos e não nos importemos quando o espaço público é degradado pelo lixo. Pois o espaço público pertence a um mundo do qual emigramos; não tem nada a ver conosco, ou nada que importe além do que ele pode forçar sobre nós.

8. O olho da câmera

"Não existe essa coisa de sociedade." Com essas famigeradas palavras, repetidamente tiradas do contexto, a Sra. Thatcher se tornou a *bête noire* de todos os filósofos da Inglaterra, da Escócia e do País de Gales. Lidas assim isoladas, as palavras parecem apresentar uma visão inteiramente atomística de pessoas agregadas em um espaço geográfico, cuja única relação real umas com as outras seria o nexo do dinheiro, comprando barato e vendendo caro (ou tentando). E, de fato, a Sra. Thatcher às vezes passava a impressão de ser a imagem invertida de um marxista, isto é, uma determinista econômica que pensava que, uma vez que a economia estivesse nos trilhos, na direção contrária à que os marxistas aprovariam, tudo o mais seria agregado a ela. Essa impressão que ela passava era bastante enganosa no que dizia respeito ao seu real efeito sobre a sociedade britânica e à poluição de todo o país, que logo seria fomentada.

Ela não ajudou a destruir a preocupação ou mesmo a consciência do espaço público ao privatizar a economia, mas sim por gerenciar a administração pública. Isso é outra coisa bem diferente.

As responsabilidades autoarrogadas pelo governo não diminuíram fundamentalmente durante o período em que ela esteve no cargo de primeira-ministra. Em certos aspectos, na verdade, elas aumentaram. Quando o desemprego disparou, o governo, mais do que nunca, se tornou diretamente responsável pela renda total, baixa como era, de um grande número de pessoas, e por um período muito longo. Ele nunca renunciou à sua responsabilidade de prover saúde, educação, pensões, seguro-desemprego e outros, e até mesmo moradias para um terço da população (ainda que seja verdade que, durante o governo Thatcher, a propriedade privada de morarias tenha aumentado enormemente).

O que de fato mudou, contudo, foi a maneira pela qual os serviços públicos eram organizados. Crendo, sem dúvida corretamente, que havia muito desperdício e ineficiência nos serviços públicos, crendo, sem dúvida corretamente, que as empresas privadas eram administradas com maior eficiência, ela concluiu, erroneamente, que introduzir os métodos da iniciativa privada no setor público aumentaria a eficiência deste último. Infelizmente, ela falhou em entender que uma medida indiscutível para o sucesso ou fracasso disponibilizada ao setor privado, a saber, o balanço, não estava disponível para o setor público. E essa era uma diferença absolutamente crucial.

No serviço público, nenhuma medida para o sucesso ou fracasso estava imediatamente disponível. Isso aconteceu não porque nenhuma medida desse tipo fosse intelectualmente concebível, mas porque as pessoas que calculavam a medida eram as mesmas ou estavam próximas daquelas cujo sucesso ou fracasso estava sendo mensurado. Sendo o ser humano uma criatura decaída, a confiança no abstrato não é sempre seu objetivo principal.

Crendo que o gerenciamento compreende uma ciência que independe do que é gerenciado e com qual propósito, o governo da Sra. Thatcher achou que a resposta para os problemas do setor público estava no controle dos gerentes, que, supostamente, eram especialistas em nada além da eficiência organizacional. Claro que, como esses gerentes eram de carne e osso, e ninguém poderia agir por motivos de interesse público em detrimento do privado, eles precisavam de incentivos para gerenciar de maneira eficiente. E isso significa, é evidente, que eles precisavam de metas para cumprir; de que outra maneira sua eficiência seria mensurada? (A eficiência precisa ser medida, ou tudo escorrega de volta ao que era antes.) Os gerentes, ou seus aliados institucionais mais próximos, tinham a permissão de decidir por eles mesmos se tinham ou não atingido as metas traçadas. Não surpreendentemente, eles achavam que tinham. Suas recompensas e privilégios – até recentemente eles foram recompensados com um montante bem menor do que a taxa de pagamento afixada e anunciada publicamente – dependiam de as metas serem atingidas. Eles também tinham um grau de controle sem precedentes sobre vastas somas de dinheiro.

Assim, o palco estava montado para a maior pilhagem do tesouro britânico desde o século XVIII, com a diferença de que, dessa vez, a pilhagem foi inteiramente legal e feita às claras. E o caminho para a pilhagem continuar ou mesmo aumentar foi o setor público reter ou ampliar sua participação na atividade econômica como um todo.

O governo em exercício viu uma oportunidade para uma regulamentação permanente e se aproveitou dela com entusiasmo e habilidade. Ele entendeu como um vasto interesse constituído, com obrigações apenas para consigo mesmo, poderia ser criado com um misto de suborno, adulação e ameaça, tudo em nome do interesse público. Ele também viu como um enorme sistema de clientelismo poderia ser feito do nada, mediante a concessão de grandes contratos para firmas de consultoria, com fins puramente fictícios, firmas que, é claro, não objetariam a nada que o governo fizesse nem levantariam quaisquer suspeitas sobre o que acontecia.

O pântano de corrupção resultante não foi apenas financeiro. Era muito pior do que isso. A corrupção foi moral e intelectual, e, como tal, se insinuou nos recônditos da alma e se manifestou na personalidade das pessoas. Elas mentiram e enganaram, corrompendo a própria linguagem para que continuassem se permitindo comer do cocho. Uma vez que fizeram isso, era muito difícil que parassem ou se queixassem. Você só perde a virgindade uma vez.

Uma sociedade na qual todos, de cima a baixo, estão na jogada, na qual as próprias leis e regulamentações encorajam a desonestidade moral e intelectual no mais alto grau, e na qual seu primeiro magistrado por muitos anos não perdeu oportunidades para agir de forma francamente desonrosa (ainda que aparentemente sem qualquer consciência de que agia assim, o que é pior do que a vilania aberta), não é uma sociedade na qual as pessoas se conformarão de pronto com leis que possam ser inconvenientes, mesmo que só um pouco, se não forem forçadas a isso. Toda a ideia do bem público é tão conspurcada pela corrupção – econômica, intelectual e moral – que se torna impossível apelar a ela. Quando você é acossado, intimidado, adulado, coagido, perseguido, ameaçado, subornado e fiscalizado pelo governo, e por suas agências, sobra pouca inclinação para a obediência, e menos ainda para a obediência que um juiz certa vez chamou de inexequível. Você já pagou seus impostos para a sociedade. A sociedade agora que se ocupe de si mesma. Na pequena esfera que lhe foi deixada, você fará exatamente o que bem entender, sem consideração por mais ninguém.

Isso não é uma fuga do Estado, mas uma expansão dele completamente dissociada de qualquer propósito público real, no contexto de uma cultura de egocentrismo inflamado. É uma mistura venenosa que leva a pequenos, mas repetidos, atos de niilismo social, como jogar lixo nas ruas e no campo.

A sociedade, na forma do Estado, faz suas exigências, mas, como estas são irracionais e autocentradas, a população considera que não há mais direitos. Coerção, não consenso, torna-se a maneira como o Estado se mantém.

Mas se as autoridades públicas perderam sua autoridade, isso não significa que nada mais se espera delas; muito pelo contrário. Filhos continuam esperando muito dos pais, talvez ainda mais, depois que percebem a sua falibilidade. E um governo que pega quase um terço da renda das pessoas está, *ipso facto*, fazendo uma grande afirmação de suas responsabilidades. E, se um estado de coisas continua por tempo suficiente – nesse caso, altos níveis de taxação –, ele passa a ser tido como natural, uma ordem inelutável das coisas. Um pai pode ser odiado ou desprezado, mas, independentemente disso, continua sendo um pai. Não importa quantas vezes o Estado falhe, ainda se esperará que ele seja bem-sucedido, no sentido normativo ou mesmo no sentido preditivo da expectativa.

O Estado privou a maioria dos cidadãos da responsabilidade de organizar muitos dos aspectos existencialmente importantes da vida no mundo moderno, como os serviços de saúde e educação, com a única condição, dificilmente negociável, de que paguemos os impostos. Alguém que viva no que as pessoas chamam, sem ironia, de "habitação social" conserva o direito de se livrar da embalagem dos salgadinhos como quiser, mas não muito mais do que isso.

Há poucas dúvidas de que a concessão ou a regulação de alguns serviços públicos levou a uma grande melhora da qualidade de vida (e não só para os mais pobres, incidentalmente; o Príncipe Albert[1] morreu de febre tifoide porque bebeu a água contaminada de Londres). Ninguém desejaria voltar aos tempos em que não havia encanamentos ou esgotos apropriados. Contudo mais e mais de algo bom não é necessariamente algo melhor. Seja como for, chegamos a um ponto em que responsabilidades demais foram relegadas às ou reivindicadas pelas autoridades públicas. E as pessoas que renunciam a muitas de suas responsabilidades, ou as têm arrancadas de si, eventualmente perdem a vontade de exercitar qualquer responsabilidade. Elas perdem o senso de agência; elas jogam lixo na rua pelo mesmo motivo que Lutero fez seu discurso da Dieta de Worms:[2] acreditam que não poderiam fazer diferente.

Na época em que visitava pacientes em suas casas – alugadas pela administração municipal –, eu às vezes notava que o quintal não era muito diferente de um depósito de lixo. Partes quebradas de velhos eletrodomésticos ficavam pela grama não aparada com embalagens de poliestireno de hambúrgueres consumidos havia muito tempo, peças enferrujadas de carros, velhas roupas rasgadas e brinquedos desmembrados.

---

[1] Marido da Rainha Vitória (1819-1901) e Príncipe Consorte do Reino Unido, Albert morreu em 1861, com apenas 42 anos de idade. (N.T.)

[2] A Dieta de Worms foi uma assembleia do Sacro Império Romano Germânico realizada em 1521. Dela resultou o Édito de Worms, pelo qual o imperador Carlos V declarou criminosos todos aqueles que defendessem e seguissem as ideias de Martinho Lutero. Dalrymple se refere a algo que Lutero teria dito ao se defender das acusações de heresia durante a Dieta: "Aqui estou e não posso ser diferente". No entanto essas palavras não constam das transcrições da assembleia e muitos creem que Lutero não as proferiu. (N.T.)

Falando de forma tão gentil quanto possível diante da fealdade de tudo aquilo, eu perguntava à dona da casa, em um genuíno espírito de curiosidade, por que ela não fazia nada a respeito. A resposta era invariável.

– Eu pedi à prefeitura, mas eles não fizeram nada.

Mesmo que me acusem de esnobe, deixe-me acrescentar que eu acho que a maioria dos porcalhões de classe social mais elevada daria uma resposta não muito diferente quanto ao lixo que jogam por aí: que é responsabilidade da administração da cidade limpar, pois é para isso que ela existe e é paga. Não faz muito tempo, tive uma discussão com a editora assistente de artes de um periódico britânico bem conhecido sobre as bebedeiras públicas que agora são tão comuns na Grã-Bretanha. Ela disse que não via nada de errado com isso, e que as bebedeiras eram um prazer inofensivo. Sem saber direito o que dizer, mencionei que esses bêbados com frequência vomitam na rua, ao que ela retrucou que não importava, uma vez que a bagunça era limpa depois.

Tendo falado com homens que estrangularam o melhor amigo ou empalaram bebês nas grades do parque, eu estava, no entanto, desconcertado com o que ouvira. Não sou igualitarista e não creio que a igualdade possa existir, exceto aquela perante a lei. Mas nem mesmo em minhas fantasias mais loucas eu esperava, na Grã-Bretanha, ouvir uma pessoa inteligente, educada e culta sugerir que era o dever de outras pessoas limpar o vômito de gente que simplesmente se recusa a se controlar. Por comparação com essa noção, a existência dos intocáveis que, na Índia, limpam os excrementos humanos é, em si mesma, a razão e a justiça. Pelo menos aqueles excrementos são um fato inescapável da fisiologia humana, diferentemente de beber até ficar nauseado.

Eu me vi na posição extraordinária de ter de pensar em motivos "racionais", isto é, consequentes, pelos quais vomitar na rua, em um espaço público, é errado, e isso em um ambiente privilegiado, enquanto era servido com comida refinada e delicada, na companhia da elite cultural. Eu poderia argumentar que vomitar na rua era um risco à saúde pública? Por certo não poderia provar isso, e o vômito, como a urina – exceto pela presença da *Helicobacter pyloris* –, é estéril. Poderia dizer que é nojento? Mas o nojo está na cabeça do enojado, e John Stuart Mill disse que não podemos proibir algo só porque o consideramos repugnante.

Eu só conseguia pensar nas palavras de Burke[3] em *Reflexões sobre a Revolução na França*: "O que é a liberdade sem sabedoria e sem virtude? É o maior dos males possíveis, porque é estultice, vício e loucura, sem tutela e sem freio".

Talvez, à luz da história desde que Burke escreveu isso, o *maior dos males possíveis* seja um exagero. No entanto, se alguém precisa mesmo provar, mediante princípios primeiros e indubitáveis, o erro de se vomitar em público, o qual resulta de uma falta grosseira de autocontrole, o mínimo que se pode dizer é que os alicerces da civilização não são firmes.

Nenhuma sociedade decai dessa forma sem reação, contudo. De novo, Edmund Burke ilumina a questão:

Os homens são qualificados para a liberdade civil,

ele diz,

na proporção exata da sua disposição para colocar grilhões morais em seus apetites. A sociedade não pode existir a não ser que um poder controlador sobre a vontade e o apetite seja posto em algum lugar, e, quanto menos dele existir dentro, mais deve haver fora. Está ordenado na constituição eterna das coisas que os homens de mentes destemperadas não podem ser livres. Suas paixões forjam suas algemas.

A relutância dos britânicos em colocar grilhões morais em seus apetites e, por conseguinte, em sua conduta levou naturalmente (e precisamente como Burke esperava) a um aumento do poder controlador externo. A polícia britânica, que há apenas algumas décadas ainda era organizada de acordo com os princípios profundamente humanos

---

[3] Edmund Burke (1729-1797) foi um filósofo e político irlandês, membro do parlamento pelo partido *Whig*. É tido como um dos alicerces do conservadorismo moderno. (N. T.)

enumerados por Sir Robert Peel,[4] a cada dia se parece mais com uma força paramilitar de ocupação, enfeitada com toda a parafernália da repressão física, que procura controlar pela via da intimidação. Cartazes aparecem em toda parte dizendo aos membros do público para fazer isso ou não fazer aquilo, segundo a suposição de que, se deixados por sua própria conta, eles se comportarão mal porque não fazem a menor ideia de como se portar de maneira civilizada. A pessoa é saudada na entrada do país, nos guichês da imigração, com um aviso de que agressão ou violência contra os funcionários não será tolerada e poderá ser alvo de processo criminal. (Uma vez que esses avisos são colocados somente onde pessoas com vistos de residência formam filas, eles são um comentário sobre a conduta esperada dos cidadãos.) Esse tipo de aviso é encontrado até mesmo em instituições como os hospitais, cuja única função é prestar socorro à população. Após ameaças numerosas e até mesmo agressões físicas contra funcionários do hospital em que eu trabalhava, a polícia colocou avisos de que ataques aos funcionários não seriam mais tolerados ali dentro, sugerindo que eram tolerados até aquele momento e que, também, continuariam a sê-lo fora do hospital – sugestões que eram, mais ou menos, um reflexo acurado da sociedade.

Uma das consequências da falência do povo britânico em impor um controle interno sobre seus apetites refere-se ao enorme aumento da vigilância externa. A Grã-Bretanha é, sem dúvida, a capital mundial do circuito interno de TV. Um terço de todas as câmeras de vigilância do mundo estão instaladas na Grã-Bretanha, e estima-se que o cidadão britânico comum fica ao alcance e é gravado por essas câmeras trezentas vezes por dia. E, por certo, parece ser o caso de que, sempre que um homicídio particularmente brutal e horrível é cometido em um espaço público, a polícia anuncia que "as evidências em vídeo estão sendo analisadas". Bem pouco acontece fora do alcance das câmeras na Grã-Bretanha.

---

[4] Peel (1788-1850) foi membro do Partido Conservador e por duas vezes primeiro-ministro britânico (1834-1835 e 1841-1846). É tido como um dos responsáveis pelo moderno conceito de policiamento no Reino Unido. (N.T.)

É claro, o fato de que esses assassinatos ainda ocorram mesmo com a quase onipresença das câmeras sugere que elas não são, por si sós, meios de dissuasão muito poderosos. É possível que, se não fosse por sua presença, talvez houvesse ainda mais homicídios nas ruas. E, em determinadas circunstâncias, as câmeras sem dúvida exercem um efeito de dissuasão, ao menos para aqueles fundamentalmente obedientes à lei. Qualquer um que já observou o modo como a maioria dos motoristas diminui a velocidade quando sabe que está se aproximando de uma câmera de trânsito concordará. Eles diminuem não porque têm uma súbita crise de consciência sobre os perigos de dirigir muito rápido, mas porque temem ser pegos e multados e ter a carteira de motorista cassada. Aqueles que dirigem ilegalmente, por sua vez, sem carteira ou seguro, e possivelmente em carros roubados, nada têm a temer das câmeras.

A alta ocorrência de lixo jogado nas ruas e outras formas de comportamento desordeiro também justificam a presença das câmeras, pois elas oferecem a ilusão, mas não a realidade, de controle. Como a maioria das tentativas de repressão na Grã-Bretanha, o efeito é mais aparente do que real porque as câmeras, por si sós, não podem aplicar a lei. É verdade que câmeras com alto-falantes acoplados foram testadas, de tal modo que alguém monitorando as imagens gritava para o porcalhão: "Ei, você! Pegue esse lixo!". Mas a novidade inicial de uma ordem dessas logo desapareceu, quando se percebeu que a voz dizendo aquilo não tinha meios de impor obediência. A câmera logo recebeu expressões nada incertas em resposta, com um gesto malcriado de troco. Na verdade, pode-se até mesmo conceber que câmeras acopladas a alto-falantes poderiam piorar a situação, com os jovens zombando dos monitores com atos que os levassem a uma fúria impotente. De qualquer modo, não se poderia monitorar todas as câmeras; mas, ainda que fosse possível, o problema da impotência permaneceria.

A peculiaridade do crescente autoritarismo da Grã-Bretanha moderna – que Burke não previu – é que a autoridade só procura exercer sua verdadeira autoridade de modo intermitente. É como se os novos autoritários considerassem a vigilância um fim em si mesma, como se não passassem de *voyeurs*, ou como se estivessem mais preocupados em criar uma atmosfera de controle do que em exercer o controle de fato. Isso se dá porque a aparência é pelo menos tão importante quanto a realidade, e a aparência de poder e controle é tão gratificante quanto a essência do poder e do controle. Eu me exibo, logo sou.

Recentemente, vivenciei isso de maneira bastante violenta em um tribunal britânico, no qual testemunhei um caso de um homem mentalmente deficiente que cometeu uma série de agressões sexuais relativamente menores, as quais, no entanto, foram assustadoras para as vítimas. Fora do tribunal propriamente dito, o átrio que dá acesso a todas as salas de audiência do prédio era patrulhado por oito policiais usando coletes e portando armas automáticas. Tendo em vista o histórico da polícia de atirar nas pessoas erradas, não achei sua presença tranquilizadora de todo.

Entrei no tribunal para esperar a minha vez de ir ao banco das testemunhas. O acusado já estava no banco dos réus, embora o juiz ainda não tivesse entrado. Perto de mim, na galeria, estava uma mulher que logo percebi se tratar de uma das vítimas, acompanhada por um jovem de aparência e comportamento desagradavelmente agressivos, e que claramente era o namorado dela. Ele começou a ameaçar o acusado, bem abertamente e em alta voz, de modo que todos os presentes podiam ouvir. Disse que, quando o acusado saísse da prisão, ele o pegaria e mataria. Foi uma ameaça que qualquer um que o visse levaria a sério e literalmente. Por certo, o acusado ficou muito assustado.

Todos no tribunal sabiam o que acontecera, incluindo os policiais. Nada foi feito para fazê-lo parar, que o dirá prendê-lo. Era essa, então, a situação extraordinária. Os policiais fortemente armados fora da sala de audiências pareciam proteger tanto o direito de um homem ameaçar um réu no próprio coração do sistema de justiça criminal quanto o próprio sistema de um ataque externo. Ao final da sessão, o homem deixou o tribunal tendo aprendido que o aparato repressor do Estado por certo não era direcionado a ele, e servia mais como enfeite do que para ser usado.

Na questão do lixo, isso também é claro. É comum vermos avisos na Grã-Bretanha ameaçando as pessoas que jogam lixo no chão com punições severas, a mais severa delas sendo uma multa de 2 mil libras. Esses avisos raramente não são acompanhados por lixo atirado ao redor, como uma oferenda sacrificial; por certo, ninguém espera que as ameaças de punição sejam cumpridas. Nem os meios, nem a vontade estão ali.

Mas eles poderiam estar? Poderia a repressão, por si só, tornar os homens mais virtuosos, ao menos no que diz respeito ao lixo?

A resposta convencional é não; leis, por si sós, não guiarão os homens para a virtude. Sem dúvida, isso é verdade quando falamos da virtude em termos gerais. Não chamamos alguém de virtuoso apenas porque ele teme ser punido se não se comportar de maneira virtuosa. Um homem que age apenas por medo provavelmente obedecerá tanto às leis ruins quanto às boas. Tampouco desejaríamos que a lei estabelecesse a nossa conduta até os mínimos detalhes, de tal modo que não seríamos bons se não a obedecêssemos ao pé da letra.

Mas se a lei não é, nem deve ser, todo-poderosa, tampouco é totalmente impotente. Se aplicada, ela pode mudar e muda os hábitos dos homens, porque um ato ou uma omissão repetidos por vezes suficientes se tornam um hábito, incorporados ao caráter da pessoa. Talvez o exemplo mais claro dessa transformação seja a cidade-Estado de Singapura.

Não cantarei louvores a esse pequeno país, mas apenas discorrerei sobre sua transformação. À época da independência, Singapura era um lugar interessante e colorido, mas ninguém o descreveria (à parte seus colonos) como limpo. Sem dúvida, a explicação mais comum para o desleixo e a sujeira era a indiferença dos habitantes, chineses, malaios e indianos, quanto à questão da limpeza pública. No entanto, em bem poucos anos, a cidade se tornou uma das mais limpas do mundo. Há pouca dúvida de que a aplicação estrita de leis proibindo as várias formas de poluição das ruas — os chineses e indianos, por exemplo, eram campeões mundiais de cusparadas, parecendo, pelo som que faziam, puxar catarro das partes mais remotas de seus corpos — mudou bem rapidamente o comportamento e, eventualmente, o caráter dos habitantes.

Se as leis contra a poluição das ruas em Singapura fossem agora relaxadas ou aplicadas de modo menos vigilante, parece-me provável que levaria algum tempo antes que a cidade se tornasse tão suja quanto antes. De fato, talvez só quando houvesse uma nova geração, que não conhecesse as leis de outrora, é que isso aconteceria.

Aqui não é o lugar para examinar as virtudes e os defeitos de Singapura como um todo. Muitos têm ridicularizado e condenado seu autoritarismo social, e, por certo, a rigidez de suas leis pode assustar os visitantes desacostumados. Certa vez, parei em um ponto de táxi lá (não é permitido acenar para um táxi no meio da rua) e fiquei surpreso que nenhum carro parava para me pegar. Comecei a achar que havia algo mais repugnante do que o normal em minha pessoa para explicar isso, mas, então, uma espécie de cliente-padrão me explicou. Eu estava dois passos à direita do lugar em que deveria estar. Como o taxista chinês me disse, com as extremas eloquência e concisão dos que ainda não dominaram a língua que utilizam de vez em quando:

– Singapura muito muito lei.

Claro que o rigor e a severidade da lei devem ser proporcionais às situações com que se espera que ela lide. Uma cidade-Estado com uma grande população e uma área pequena talvez não seja o melhor laboratório para a leniência, especialmente se ela diz respeito àqueles aspectos do progresso, como o crescimento econômico, suscetíveis de medição estatística. Talvez as leis tenham de ser menos severas em países maiores, nos quais a população se autogoverna (quero dizer no sentido pessoal, não no constitucional) e tem consciência da necessidade de autocontenção. Mas os britânicos, como são hoje, não se encaixam nessa descrição. Pelo contrário, eles agora encaram a falta de autocontenção como essencial para a saúde e indicadora de um sentimento democrático. Não poderia haver um povo mais merecedor de leis rígidas e aplicadas com vigor.

Não que isso vá acontecer. Alguém pode facilmente conceber, por um lado, a erosão do devido processo legal (já está acontecendo) e, por outro, a passagem de leis teoricamente draconianas para dar à parte da população a impressão de que o governo está preocupado com tais e tais problemas sociais; mas a aplicação desse tipo de lei é outra coisa bem diferente, a leniência prática sempre prevalecendo sobre a severidade abstrata. Seriedade de intenção e capacidade administrativa estão simplesmente em falta.

E, a exemplo do que acontece em muitos aspectos da vida britânica contemporânea, o serviço público é sério sem ter seriedade e frívolo sem galhardia. Todos os problemas sociais são oportunidades para a criação de empregos, e não muito mais do que isso: por certo, eles não serão minimizados, quanto mais resolvidos. O efeito de medidas draconianas, se aprovadas, deveria ser mensurado, é claro. Isso significaria o estabelecimento de objetivos, e objetivos precisariam de sistemas de informação para decidir se foram ou não atingidos, assistentes pessoais para chefes de departamento (serviços de informação) precisariam ser recrutados. Em resumo, muito seria feito, e muitas pessoas seriam empregadas. Mas, no processo, a intenção original seria inteiramente subvertida e até mesmo esquecida.

Já existem decretos e regulamentações contra a deposição de lixo em quase todo lugar. Mas eles nunca são aplicados. Uma lei não aplicada é uma grande alegria para aqueles que se sentem oprimidos pela lei, pois, assim, podem se vingar contra a opressão sem incorrer em quaisquer consequências. De qualquer forma, se os burocratas estão muito preocupados com o lixo para aprovar leis contra o ato de jogá-lo, por que não vêm e catam o lixo eles mesmos? Afinal, é para isso que eles são pagos, não é mesmo?

Não, segundo os próprios, eles não são. Eles são pagos para fazer quaisquer tarefas que eles mesmos criam. E tarefas como catar ou mesmo organizar o lixo para ser recolhido estão abaixo disso.

Uma das razões para isso é o aumento do nível educacional desses que compõem a burocracia, ou, pelo menos, dos anos que eles passaram frequentando estabelecimentos de ensino. Algo risível como a coleta de lixo sem dúvida não é um trabalho adequado para um homem instruído. Um homem instruído, é desnecessário dizer, merece ser mais bem pago do que um homem sem instrução, do tipo que se espera que recolha o lixo. Uma vez que o crescimento do número de pessoas requerendo emprego no setor público aumenta mais rapidamente do que os fundos para as pagar, não obstante o aumento dos impostos, conclui-se que o emprego e os gastos com tarefas que não requerem qualificação, como a limpeza das ruas e das estradas, precisam ser limitados e, se possível, cortados.

Pessoas instruídas precisam encontrar empregos mais merecedores de seus talentos ou, pelo menos, seu status, em vez de manterem as ruas limpas ou terem qualquer outra ocupação similarmente subalterna. Assegurar o reinado da virtude política (que não inclui a deposição do lixo de maneira asseada) é algo mais adequado ao seu nível intelectual. A virtude é concebida como a repartição dos despojos da sociedade conforme o tamanho das partes que compõem a sociedade. Podemos ter ruas imundas nessa cidade, mas pelo menos temos o comprometimento burocrático de igualar as oportunidades.

Do ponto de vista das importantes responsabilidades que as autoridades conferem a si mesmas, então, não é de todo surpreendente que elas não tenham os fundos, a força de trabalho ou a energia necessária para limpar as ruas (para não falar na paisagem das rodovias). Mesmo assim, a população acredita que a responsabilidade por isso não é delas. Há muito se foi o tempo em que as pessoas da classe trabalhadora consideravam uma questão de honra manter a faixa da calçada defronte às suas casas geminadas limpas e livres de lixo. As fotografias de mulheres da classe trabalhadora esfregando os degraus de suas casas todas as manhãs como um sinal visível de sua respeitabilidade são de uma cultura agora tão estrangeira e distante quanto qualquer uma das descritas por antropólogos na floresta amazônica ou nas ilhas da costa da Nova Guiné. Hoje, olhamos para essas mulheres com condescendência cheia de pena e alguma diversão, em vez de respeito e admiração. Atualmente, nós nos consideramos esclarecidos, embora tenhamos meio que retornado ao período medieval (ao menos como ele é popularmente concebido), quando as pessoas atiravam seu lixo pela janela, do segundo andar até a rua lá embaixo.

Vi algo a apenas alguns metros do meu apartamento em Londres. Um experimento social interessante, embora sem dúvida involuntário, foi realizado na calçada em frente ao prédio. Novos blocos de apartamentos, que não ofenderam e mantiveram a arquitetura predominante da área (o que é bem incomum), foram construídos ali. Metade dos apartamentos era para venda (e custavam 500 mil libras cada) e metade, idênticos em estilo e estrutura, era de habitações "sociais". Defronte ao bloco, há pequenos jardins de uso comum, com não mais do que 1,5 metro de comprimento.

É possível dizer, apenas pelo estado desses pequenos jardins, onde terminam as propriedades privadas e começam as habitações "sociais". O terreno defronte às últimas é de tal maneira repleto de lixo que este parece ser atirado pelas janelas. Quem se daria ao trabalho de caminhar por ali, e apenas por ali, unicamente para se desfazer de fraldas sujas? A concentração de embalagens de poliestireno de *fast-food* também sugere que foram atiradas pelas janelas, pois, se fossem jogadas apenas pelos passantes, sua total ausência na frente dos apartamentos privados seria espantosa. Claro, é possível que alguém limpe essas embalagens nos jardins dos outros apartamentos, mas eu nunca vi ninguém fazendo isso.

Além disso – e significativamente –, a própria rua em frente tanto dos apartamentos privados quanto dos públicos é literalmente atolada pelas embalagens de alimentos consumidos pelas pessoas enquanto elas caminham por ali. Isso sugere que as pessoas sequer têm a energia mental para jogar seu lixo por sobre uma cerca baixa, mas, em vez disso, deixam-no cair onde quer que estejam ao terminar de comer.

9. Estudos sobre o lixo

Suponho que haja outra explicação possível para o acúmulo de lixo no terreno defronte às habitações "sociais": de que o lixo gera lixo. Uma vez que as pessoas percebem que um lugar está repleto de dejetos, qualquer inibição que tivessem quanto a jogar lixo onde bem entendem é destruída. Isso é uma variação da teoria das janelas quebradas: o menor sinal de desordem e negligência leva as pessoas a suporem que a autoridade pública abandonou a área, e elas são assim encorajadas a pensar que escaparão da punição por qualquer crime que cometam ali.

Por certo, essa era a teoria que orientava a minha conduta quando fui vizinho de uma igreja vitoriana extremamente bonita, em uma cidade que não era famosa por sua beleza e que também era horrivelmente suja. Toda noite, enquanto passeava com meu cachorro, eu catava o lixo das redondezas (que, às vezes, incluía camisinhas usadas), na esperança de que a limpeza resultante fizesse com que os porcalhões em potencial dessem um tempo. No geral, acho que funcionou. Com certeza, a área próxima permaneceu bem mais limpa do que as ruas vizinhas, mesmo quando fiquei fora por alguns dias. Mas, uma vez que meus vizinhos poderiam ter feito o mesmo, não permitindo a deterioração das redondezas, minha hipótese continuou sem comprovação.

A caminho de Glasgow, dirigindo pelo trecho particularmente imundo da rodovia que mencionei no começo deste livro, outra questão filosófica veio de súbito à minha mente. (De onde? Outra parte da minha mente? Se for o caso, de qual parte dela? Se eu estava inconsciente dela, em que sentido sou responsável por ela ter assomado à consciência? Sinto-me aliviado por não estar escrevendo sobre a filosofia da mente, um tema muito difícil para mim.)

Minha – ou talvez eu deva dizer "a" – questão era a seguinte. Por que tive a forte convicção de que, não obstante a imundície da rodovia, eu não deveria contribuir com a sujeira atirando lixo pela janela do meu carro? E eu logo vi uma possível refutação do utilitarismo.

A primeira noção a refutar é a de que eu tive aquela convicção tão forte por medo de ser flagrado e processado. As chances de ser pego e processado por isso são insignificantes. O enorme volume de lixo ao longo da rodovia era prova disso. Se as pessoas fossem processadas por jogar lixo, ainda que em uma pequena proporção, nossos tribunais não lidariam com mais nada.

Em segundo lugar, eu não poderia ter tanta convicção de que não devia contribuir com a sujeira por causa de quaisquer consequências estéticas. Era muito tarde para isso. É uma certeza psicológica que um estímulo sensorial não é perceptível sob certa proporção de um estímulo já existente. Se você estiver carregando algo que pesa 45 quilos, não perceberá se alguns gramas forem acrescentados, embora possa perceber esses mesmos gramas se não estiver carregando nada. Mais um pedaço de papel, mais uma garrafa plástica, nada disso teria feito a menor diferença para a aparência da paisagem.

Assim, minha forte resistência a jogar lixo pela janela do carro naquelas circunstâncias não pode ter surgido de nenhuma consideração das consequências disso para mim ou para a paisagem.

Claro que um utilitarista poderia retrucar que a relutância surgiu não em razão das consequências do meu ato individual, mas das consequências do meu ato se ele fosse tomado como uma permissão generalizada para todo mundo atirar lixo pela janela do carro. Se todos agissem como eu a esse respeito, meu ato teria feito alguma diferença.

Também não penso que seja esse o caso. Isso depende da suposição de que, se todos jogam lixo pela janela do carro, minha decisão de não jogá-lo faria alguma diferença estética, mas isso não é, de forma alguma, uma certeza. Falando apenas por mim, lixo adicional, mesmo que perceptível, não aumentaria o meu desprazer ao olhar para a paisagem. Talvez eu seja muito perfeccionista, mas quaisquer manchas na paisagem – ou na paisagem urbana, já que falamos nisso – destroem qualquer prazer que eu poderia ter ao contemplá-la. É sem dúvida por isso que considero o vandalismo da arquitetura e do planejamento urbano da Grã-Bretanha nos últimos sessenta anos tão intensamente doloroso e deprimente. Eles não deixaram nenhuma vista intocada, e arruinaram todas nas quais tocaram.

Outras pessoas, é claro, podem reagir de maneira diferente. Elas podem considerar 2 toneladas de entulho duas vezes pior do que uma, ou mesmo quatro vezes pior. Mas ainda que ninguém pense assim, mesmo que todos concordem comigo que mais poluição de determinada paisagem não aumentaria o desprazer que ela evoca, ainda assim eu acharia muito errado jogar lixo pela janela do carro. Nenhum ato ou regra utilitarista explica ou justifica isso.

O que explica, então? Por que eu sinto algo parecido com um imperativo categórico kantiano[1] no que diz respeito ao lixo (de uma forma que não sinto em relação à mentira), de tal modo que não poluiria nem mesmo um país pelo qual sentisse profunda aversão e até mesmo animosidade?

De onde vêm sentimentos como esse? Há uma forte tendência de enfatizar exageradamente os processos cognitivos na formação dos juízos morais. Claro que não quero descartar por completo tais processos, longe disso, especialmente em temas complexos que exigem que muitos fatores sejam levados em consideração e apropriadamente contrabalançados.

---

[1] Em sua obra *Fundamentação da Metafísica dos Costumes* (1785), o filósofo alemão Immanuel Kant (1724-1804) exprime o imperativo categórico, o qual seria o princípio supremo da moralidade, de diversas formas. Cito duas dessas formulações (p. 215) conforme a tradução de Guido Antônio de Almeida (São Paulo, Discurso Editorial/Barcarolla, 2009): "age apenas segundo a máxima pela qual possas ao mesmo tempo querer que ela se torne uma lei universal"; "age como se a máxima de tua ação devesse se tornar por tua vontade uma lei universal da natureza". (N. T.)

Mas na questão de jogar lixo, ou melhor, de se recusar a fazê-lo, algo muito mais profundo – mais primitivo, se preferir –, está em ação, pelo menos inicialmente.

Percebemos que é assim pela abordagem absurda do problema por certas escolas. Com frequência, as escolas são focos de lixo. As crianças são consumidoras de grande quantidade de salgadinhos e refrigerantes, e jogam as embalagens e latinhas em qualquer área gramada ao redor de suas escolas. Não há dúvida de que a situação é piorada pelo fato de muitas escolas permitirem a instalação de máquinas de venda automática em seus corredores. O dano causado às crianças por certo supera o bem do lucro gerado para as escolas; poucos argumentariam que as crianças são as melhores juízas de seu próprio interesse nutricional.

Um conhecido me contou que tinha lido a resposta de um diretor, em um jornal local, a uma queixa de que os alunos de sua escola deixavam imensas quantidades de lixo por onde quer que passassem. Ele havia, segundo disse, instituído a matéria "estudos sobre o lixo" como parte do currículo. Em outras palavras, a escola tentava mudar o comportamento das crianças por meios puramente cognitivos.

Existe, e isso é muito curioso, um paralelo no campo da criminologia. Na prisão, reincidentes são submetidos a cursos de psicologia para "reestruturar" seu modo de pensar, como se houvesse algo desequilibrado nele em primeiro lugar. Como se o ato de roubar, por exemplo, fosse o resultado de uma racionalidade descontrolada, quando é fácil demonstrar (nas circunstâncias atuais da Grã-Bretanha) que é algo economicamente racional de se fazer, pelo menos para uma parcela alarmante da população. A questão correta, então, não é por que tais e tais pessoas cometem roubos repetidamente, mas por que tantas pessoas, que vivem exatamente nas mesmas circunstâncias, não roubam sob hipótese nenhuma, ainda que também fosse de seu interesse econômico fazê-lo. De novo, a ameaça de punição não pode explicar isso.

As crianças em uma escola que sente a necessidade de lecionar "estudos sobre o lixo" não jogam lixo porque lhes faltam informações. Elas não são visual ou cognitivamente deficientes. Elas jogam lixo porque não foram apropriadamente socializadas.

Quando penso na origem da minha aversão ao lixo – falo agora da minha própria recusa em jogar lixo por aí, não do meu desgosto por outras pessoas jogarem –, percebo o quão pouco isso tem a ver com uma argumentação racional. Claro que isso não é o mesmo que dizer que não existem argumentos racionais contra o ato de jogar lixo, mas apenas que tais argumentos não estão na origem da minha recusa de agir assim. Eu não me pergunto todas as vezes que tenho comigo algo que quero jogar fora: "Devo jogar na rua ou devo me livrar disso de outra maneira?". Tampouco, depois de falhar em responder à questão, eu repasso em minha cabeça todos os prós e contras de jogar o lixo na rua e, tendo-os pesado com extremo cuidado, decido contra.

A razão pela qual não jogo lixo na rua é a minha mãe. Por causa dela, simplesmente não me ocorre jogar lixo na rua, nem mesmo por uma fração de segundo. Bom comportamento é uma questão tanto de preconceitos e hábitos quanto de raciocínio.

Conclusão

Enquanto escrevia este ensaio, três outros fenômenos me chamaram a atenção. O primeiro é a presença de chicletes mascados e pisados nas calçadas de todas as cidades britânicas, suscitando algo que, à primeira vista, pode ser confundido com um efeito de marmorização. Bem poucos habitantes dessas cidades não estão familiarizados com a sensação desagradável proporcionada pelo chiclete ainda mole, recentemente descartado, ao se grudar na sola do sapato e produzir uma leve sucção a cada novo passo. A tarefa de remover o chiclete da sola de um sapato é particularmente repugnante. Há pouco tempo, dediquei-me à tarefa ainda mais desagradável de remover chiclete da barra das minhas calças, que grudou quando minha perna tocou a parte inferior de um assento de ônibus.

Uma rápida pesquisa em quase qualquer rua frequentada por pedestres na Grã-Bretanha trará evidências de centenas de atos individuais de desrespeito ao espaço público, ou seja, de puro egoísmo. Não há dúvida de que o número de infratores não é igual ao número de manchas de chiclete grudadas no pavimento, pois é claro que há infratores reincidentes. Mas o número de pessoas que se comportam assim deve ser substancial, pois deve haver muitos milhões de manchas de chiclete no país inteiro.

Sem dúvida, também há muitos mascadores que se livram de seus chicletes de modo mais gentil e menos antissocial. Eu, no entanto, não posso ver um mascador sem pensar na maneira como ele se livrará do chiclete, assim como alguém especula sobre o que homens alemães de certa idade teriam feito durante a guerra.

O fato de que mascadores que jogam o chiclete no chão sabem que estão fazendo algo errado é demonstrado pelo fato de que muito raramente são vistos fazendo isso em comparação à quantidade de vezes em que devem fazê-lo. Pode-se argumentar que a deposição do chiclete na calçada não é feita sub-repticiamente, por analogia com o fato de que alguém raramente vê um pássaro selvagem morto e, mesmo assim, sabe que todos os pássaros selvagens ao redor eventualmente morrem. Mas o fato de que essas manchas de chicletes são mais comuns nas ruas mais movimentadas sugere que os mascadores se esforçam para esconder o que fazem, o que, por sua vez, sugere culpa.

Não quero entrar em uma discussão filosófica acerca da ética de mascar chicletes. Presumivelmente, aqueles que mascam chicletes obtêm algum prazer ou benefício ao fazê-lo, caso contrário não o fariam; mas, para mim, mascadores de chiclete sempre parecem distraídos, agitados ou mesmo ameaçadores, como aqueles que incessantemente batem os pés no chão (mas piores). Por certo, é difícil imaginar alguém fazendo uma declaração de amor enquanto masca um chiclete, ou expressando um sentimento delicado. De fato, é difícil para uma pessoa mascando um chiclete dar sua total atenção para outro ser humano, ou ao menos passar essa impressão. Um mascador de chiclete pode parecer muitas coisas – cínico, ansioso, incrédulo, brutal –, mas não, penso, afável, feliz ou refinado. Isso, é claro, pode muito bem ser precisamente o benefício que o mascador de chiclete procura com seu hábito. O ato de mascar seria como o aviso que dá aos predadores o venenoso inseto de cor viva. Pode-se esperar que o ato de mascar chicletes aumente proporcionalmente à agressividade perceptível dos nossos cidadãos.

É possível argumentar que uma objeção estética a um hábito, fundamentada em nada além do gosto pessoal, não é suficiente para justificar a proibição desse hábito, como em Singapura (entretanto, se a minha conjectura sobre mascar chicletes e agressividade estiver correta, a própria aparência dessa agressividade é suscetível de induzir seja o medo, seja a agressividade compensatória no outro, o que não é uma mera questão estética). Seja como for, o fato é que mascadores de chiclete impõem custos sobre seus concidadãos não mascadores, pois as administrações locais são obrigadas a limpar calçadas com mangueiras de alta pressão, um negócio tão dispendioso quanto frustrante, pois os mascadores de chiclete imediatamente retornam à luta.

Então, como um meio-termo entre a proibição total e a aceitação complacente, proponho um imposto especial sobre mascar chicletes, a ser usado apenas para limpar as ruas desse estorvo desagradável; o imposto sendo arrecadado para permitir uma limpeza suficientemente assídua que atinja um padrão em ruas escolhidas de forma aleatória, nas quais haverá um depósito de chicletes mascados a cada 100 metros. Se esse imposto especial resultar em mascadores se livrando de seus chicletes de outro modo antissocial, então a proibição total deverá ser decretada.

O segundo fenômeno é aquele dos pequenos sacos de areia que, de modo relativamente recente, têm sido usados para firmar e segurar as placas de sinalização de obras nas estradas. Eles não são usados na França, por exemplo, e por certo não pode estar além da inteligência humana (de fato, não costumava estar além da inteligência humana) atingir esse fim sem utilizá-los.

O que mais choca em relação ao uso desses sacos de areia é que eles raramente são removidos quando as placas em que são usados para firmar são removidas, mas deixados onde estão, em pilhas no acostamento. (Também é muito frequente que as próprias placas sejam abandonadas para apodrecer mais um pouco na beira da estrada.) É quase impossível, nos dias de hoje, dirigir por muito tempo em uma rodovia na Grã-Bretanha sem ver esses sacos de areia e as placas enferrujadas – ou, pelo menos, sem que estas estejam lá para serem vistas, o que não é bem a mesma coisa.

O que isso significa? No mínimo, que as pessoas envolvidas nos reparos das estradas, dos trabalhadores aos diretores das empreiteiras, não se orgulham do que fazem, mas encaram como os meios para um fim, qual seja, um salário semanal ou os lucros anuais. Eles, portanto, fazem o mínimo para garantir isso.

Mas como eles podem se safar? Deve ser porque as equipes de autoridades públicas que os contratam sofrem precisamente da mesma doença. Eles também não se importam. Seu trabalho não significa nada além de um ganha-pão e dinheiro para pagar a hipoteca. Suas preocupações foram inteiramente privatizadas.

O terceiro e último exemplo é o aumento do número de sacolas plásticas – apesar das campanhas dos jornais e do valor cobrado pelos supermercados – que agora aparecem nos arredores das pequenas e grandes cidades, cuidadosamente amarradas e cheias de lixo ao ponto de arrebentar, mas abandonadas (atiradas pelas janelas dos carros) na beira da estrada. O que isso significa?

Uma vez que não falei com pessoas que se comportam dessa maneira, devo especular. O fato é que, em vários municípios, a quantidade e a frequência do recolhimento do lixo doméstico têm diminuído depressa. Na pequena e agradável cidade em que vivo na Inglaterra, há agora uma coleta de lixo doméstico a cada duas semanas. Não é difícil imaginar que moradores com crianças devem gerar mais lixo do que conseguem manter, de maneira fácil e conveniente, por um período tão longo. A tentação de se livrar do lixo de outra forma deve ser forte, especialmente entre aqueles cujo apego às virtudes sociais não é, para começo de conversa, assim tão firme.

Mas por que a coleta de lixo se tornou menos frequente? Dificilmente é porque nossos impostos locais caíram; muito pelo contrário.

A resposta está na degeneração do serviço público na Grã-Bretanha. As autoridades locais não levam a sério seus deveres mais elementares (embora pouco glamorosos), como a coleta de lixo. Isso se dá, em grande parte, porque eles assumiram muitas outras obrigações, várias delas mais gratificantes, mas frívolas e morosas. Além disso, o principal objetivo do serviço público é servir aos fins privados daqueles que trabalham nele, assegurar seu bem-estar e seu generoso plano de aposentaria. Nessas circunstâncias, serviços em declínio e impostos cada vez maiores não são apenas compatíveis, mas previsíveis.

Rastreie o lixo até suas origens e você logo encontra as questões fulcrais da filosofia política, da economia política e até mesmo o sentido da vida.

Do mesmo autor, leia também:

Criminalidade, drogas, violência doméstica, relacionamentos, educação e política são alguns assuntos de que trata Theodore Dalrymple. A partir da narrativa de casos concretos – a mulher que matou seu marido e agressor, o viciado em drogas que muda de tom quando fala com uma autoridade ou as brigas de gangue nas boates londrinas –, o autor denuncia o discurso que legitima estilos de vida nocivos à sociedade e aos próprios indivíduos.

Diferentemente de outras duas obras do autor, *A vida na sarjeta* e *Nossa cultura... ou o que restou dela*, que são coletâneas de artigos sobre temas diversos, *Podres de mimados* trata de um único tema: como o culto do sentimento "tem destruído nossa capacidade de pensar e até a consciência de que é necessário pensar". Ou, em outras palavras, quais são as consequências sociais e políticas das ações de uma sociedade que se permite pautar predominantemente pelos sentimentos.

facebook.com/erealizacoeseditora   twitter.com/erealizacoes   instagram.com/erealizacoes   youtube.com/editorae

issuu.com/editora_e   erealizacoes.com.br   atendimento@erealizacoes.com.br